做企业说到底就是做人

ZUO QIYE
SHUO DAODIJIUSHI
ZUOREN

许琼林 著

当代中国出版社
Contemporary China Publishing House

图书在版编目(CIP)数据

做企业说到底就是做人/许琼林著. —北京：
当代中国出版社，2013. 12
ISBN 978-7-5154-0385-4

Ⅰ. ①做… Ⅱ. ①许… Ⅲ. ①企业管理 Ⅳ. ①F270

中国版本图书馆 CIP 数据核字(2013)第 287799 号

出 版 人 周五一
书名题字 许国云
策划编辑 位灵芝 王 滟
责任编辑 宗 边 王 滟
装帧设计 古 手
出版发行 当代中国出版社
地 址 北京市地安门西大街旌勇里 8 号
网 址 http://www.ddzg.net 邮箱:ddzgcbs@sina.com
邮政编码 100009
编 辑 部 (010)66572264 66572132 66572154
市 场 部 (010)66572281 或 66572155/56/57/58/59 转
印 刷 北京润田金辉印刷有限公司
开 本 720×1020 毫米 1/16
印 张 12.5 印张 102 千字
版 次 2014 年 1 月第 1 版
印 次 2014 年 1 月第 1 次印刷
定 价 30.00 元

目录

07 识根器，辨才情

下篇 商之道

08 商道人心，同修共证

09 智慧有情，菩提萨埵

序　琼林的菩提

金一南[1]

琼林并没有一定让我写序。

他可能知道我不愿给别人写序。

所以他只让我抽空看看这本书。

看的过程中，一定要写点什么的感觉油然而生。

十余年前，我结识了生活中的琼林：热情，坦诚，和善，浑身掩饰不住那种江南才子特有的浓浓书卷气。给人第一印象：一个标准的南方读书人。

十余年后的今天，读着这本不厚的小书，我突然觉得好像不认识他了——书中那个用极其冷静的笔法，将经历的惊涛骇浪娓娓道来的琼林，还是十余年前印象中略带几分文弱、似乎只能在课堂上、在书斋中和在笔墨之间讨生活的那个书生吗？

就是这个书生，在危机中带领他的队伍兵来将挡、水来土掩，在多种挑战面前因势利导，在内外矛盾交织之中杀出重围，硬是干出了战场上的

①国防大学著名教授，知名战略研究专家，畅销书《苦难辉煌》的作者。

军人风采。

就是这本书，使我第一次认识了工作中的琼林：坚毅，冷静，韧性，不折不挠。

由此获得一个提示：要真正认识一个人，看来必须将其生活与工作像拼图那样完全叠加，才能从总体色彩中，更准确一些感觉和把握这个人的全部。

琼林写的是大时代、大变革、大风浪中的小环境、小企业、小人物。跌宕起伏，原汁原味。书中好几个引人入胜的故事，我都是出差途中在飞机上看完的。一看就深入其中，并且深受感动。

生活——不论多么艰辛抑或多么精彩——是可以一晃而过的。

工作——不论多么跌宕起伏还是多么索然无味——也是可以一晃而过的。

如果你不作记录，没有思索，从未反刍，那么一件东西任凭多么有价值，也都会像大雪无痕一般消逝得无影无踪，像《红楼梦》中的那句话：落了一片白茫茫的大地，真干净。

琼林没有让它悄然无痕地一晃而过。在这个大时代的大变革、大风浪之中，他对他工作的小环境、小企业、小人物里面最值得思索的部分进行了详细描述，展开了深度挖掘。我可以想象出下班之后，他是怎样重新挑灯伏案，开始艰苦地生产这一令他兴致盎然的精神产品：艰难处境中“支部建在连上”的有效举措，重重矛盾里“用事谈”的行事风格，千差万别的员工中以“根器”识人用人的方法，以及千方百计四处寻找化解企业危机的菩提……

这只穿越沙漠的兔子，就这样寻找到了赖以存活的淡水和青草[①]。

大危机就这样变成了“瑞征”这个小企业以及其中这些小人物的新机遇。

精神与思想也就这样，在反复的分析、反复的思索之中，完成了提纯和结晶。

合上书本后，我的第一个意念就是：生活是需要品味的。生活中困境和失败比顺境和成功更值得品味。

琼林完成了这种品味。

人的一生之中，生活、学习、成长、工作、奋斗本来就是酸甜苦辣的集合体。只有细细地品味了其中的所有滋味，你才能说真正地了解和认识了人生。

作为一名民营经济的创业研究者和实践者，琼林的小企业就成为他品味生活、品味人生的最好标本。他最初的设想，是通过“瑞征”如何迎击风浪这一鲜活的案例，完成对草根小企业如何渡过危机的探索。

他最终完成的决不仅仅于此。通过这本书的创作，他实际上实现了对人生中生活、学习、成长、工作、奋斗全过程的细细品味。我们大家都能够从这种细细品味之中深深获益。特别是对于那些一直在复杂环境中勇敢探索、努力奋斗的人们来说，这本小书也许能够成为很多人认识今天社会、实现明天目标的心灵教科书。

在今天这个大变革的时代，琼林为社会做出了自己的精神贡献。

他真是个有心人。

有颗什么样的心？

①借用书中一位国企领导的比喻，如果说大型国企是危机中能够穿越沙漠的骆驼，中小企业则是不得不面对这一沙漠的兔子。

书中记叙了这样一件事：2012年8月中旬，在黄河之滨的青海循化县，琼林向文都寺高僧请教。高僧告诉他："菩萨"是佛家"菩提萨埵"的简称，"菩提"的意思是智慧，"萨埵"的意思是有情，也称为"慈悲"。生命的成功，就在于能够用智慧去引导慈悲。

琼林回忆说，这些话给了他莫大的启示。

看到这里，我突然想起那段时间好像我也在那里。细查时间，果然，2012年8月下旬我也去了青海海东的循化县，傍晚还跨过铁桥，在县城边的黄河两岸流连忘返。我完全不知道此前琼林刚刚来过。他也完全不知道后脚我也会前往。

这真是一个无巧不成书的巧合。

刚想到此，随即又想：其实琼林即使未去青海循化、即使未向文都寺高僧请教，其智慧与慈悲都已经潜藏于内心之中了。人的知识有显性与隐性之分。人的资源也有显性与隐性之分。高僧点出的，不过是已经潜藏于琼林精神、思想和信念之中的那些隐性要素罢了。

学问做到最后，就是做人。

企业做到最后，也是做人。

最后用我的新著《心胜》中一段话，赠给琼林以及阅读此书的朋友：

"何须拿别处阳光照耀自己。

人人内心埋藏着星火。

点燃它——

让它燃成火炬。"

2013年10月1日国庆节于北京

引子

在连续5个月的时间里，我每个月都会到安徽黄山脚下的黟县小住一段。

创业10年来，由媒体人半路出家，经营一家汽车销售公司，压力之下的我很是疲惫，期待这样的休养很久了。

在过去的两年中，市场受到剧烈冲击，公司总算挺了过来，相对轻松地渡过了危机。在这过程中我有许多心得感悟，需要花工夫静下心来总结，这就是我在黟县小住的主要任务。

黟县，许多人可能没听说过这个地名，也不知道怎么读，可一说起“中国画里乡村”——“西递”和“宏村”这两个古民居村落，几乎是家喻户晓。

黟县居于群山环抱之中，既有屏蔽外界的山峦，又有山峦之间开阔的平地，自古以来，北方豪门望族躲避战乱南迁，这里就成了理想的落脚地。黟，读音接近“移”，我猜想当初起这个名字，本意可能就是说这里是移民的好地方。甚至当地还有人吹牛说，陶渊明笔下描写的“芳草鲜美，落英缤纷”的桃源美景，就是以这里为原型而创作出来的。据当地人说，史上陶渊明的确到过此地。

因为历朝历代战乱频仍，裹挟而来的豪门大户，使这里自然有着行走天下的人文基因。黟县先人的后代先是外出经商，贩卖当地特产山货，然后逐渐创造了世代相传的商业文化，当年巨贾豪商在这里成村连片。

西递和宏村距黟县县城仅几公里，旅游者来到这里，会惊喜地看到附近每隔三五公里，就有同样一处类似的风景。每一处都有几百户人家，白墙黛瓦，雕梁画栋，连墙接檐组成了一个村落，多数都是七八十年以上的老宅子，不由得让人联想到当年那些商人的成功与辉煌。

夹在山清水秀之间，当地人日子过得惬意，我也在那儿怡然自得。每天去菜市场转转，到小河边走走，也由着自己研究创业者的习惯，和小业主们谈谈。剩下来的时间我就会坐在电脑前，每当这时候，两年间应对市场危机的一幕幕情景，在我的眼前呼之欲出。

2010年底，北京推出了汽车限购政策。在北京这样的高端市场从事民族自主品牌汽车的销售，本身就处于相对弱势，再加上限购政策所带来的市场危机，让我心里直打鼓，就连朋友们都捏了一把汗，担心我是否能撑下去。

大家的担心不无道理，从数据来看，限购政策出台之前一年，北京每年最高的新车销售量接近90万台，而限购之后，政策给出的额度是每年新增汽车牌号24万个，与上一年新车销售量相比，不到三分之一。

限购政策出台之前，我的公司共有两家店，其中一家新建店已亏损了两年。

然而，一年运行下来，公司不仅没有被危机击垮，反而有所发展。老店继续保持盈利，亏损店也扭亏为盈，还在河北涿州又建了一家新店。第二年，我们还在北京收购了另一家因汽车限购令而陷入困局的汽车店，而此时涿州新建的汽车店已开始保本运营。

同时，公司不仅保住了商务车销售的领先地位，而且在轿车的销售上也取得了突破。市场危机之前，我们公司的轿车销售在北京地区原本落后于同类品牌其他经销商，市场危机一来，北京其他几家同品牌经销商陆续退出轿车项目，而我们的公司店面体系却发挥了很好的作用。其他几家经销商退出轿车经销之后，我们所加盟的这个品牌轿车在京的八成销量，都是由我们公司完成的。

归结起来算大账，和限购前相比，虽然公司整体盈利能力有所下降，单店的销量也有下滑，但公司整体实力却得到了提升，限购政策前一盈一亏的两家店，不仅没有被剧烈的市场危机所冲垮，反而扩张了店面数。同时公司的服务和经营能力大幅提高，对所经销的自主品牌汽车厂家有了更大的贡献。

就在我小住黟县期间，广州也推出了汽车限购政策，那里的同行们也陷入同样的茫然中，他们来北京考察，汽车厂家指定我们公司作经验介绍。远在重庆的汽车经销商朋友也给我打来电话，说他们那儿估计很快也会搞汽车限购，未雨绸缪，先找我探讨该如何应对。

没想到两年前我们在全国先吃的苦头却变成了可以帮到别人的经验，这是应对市场危机中值得我欣慰的事。回顾这两年应对危机的过程，也使我对如何做企业和做人产生了深深的思考。

限购风暴，如何应对？

对于一项决策来说，时间总是带给人迥然不同的感受。然而，时间却又是正确答案的最好验证者。

20多年前，中国市场也曾有过小轿车限购令，只是那时不是因为车卖得太多，而是小轿车太少，想买买不到，政府会把少得可怜的购车指标发给机关和国企。后来限购逐渐取消，但汽车价格很高，也是普通老百姓不敢问津的。现在没有多少人购买的桑塔纳，那时价位是现在的好几倍，还要托关系才能拿到。

到了今天，一个家庭拥有轿车是再平常不过的事情，可当年有一段时间，政府对小轿车该不该、能不能进入家庭都还在争论不休。那时我在管理汽车工业的政府工业部门下属的一家报社工作。听说有位领导到工业部门考察，部领导汇报工作时谈到，应考虑小轿车进入家庭，话音未落就遭到质疑——什么？轿车进入家庭，谁能买得起？！

然而，此后不到五六年的时间里，轿车就开始进入普通家庭。这倒不是说连高层领导都不能准确把握市场走向，而是说中国市场的变化实在太快，有时政府讲定的事情，都不能保证两年的有效期。

2010年底北京的汽车限购政策出台后，全国工商联汽车商会召集汽车经销商开会研究出路，当时我在会上建议，今后领导发表讲话和政府发布文件时，最好像食品药品出厂一样，标定有效期，好让人心里预先有个数。那时我心里堵得上火，感觉自己是吃了官员讲话没设有效期的亏。因为在北京汽车市场出台限购政策之前，我是提前有过应对心理准备的，而且提前量还不小。

其实早在2008年北京汽车保有量已达300多万辆，虽说这个量级只是国际同类大都市一半左右，但是因为北京城区存在交通设计理念落后、结构不合理，以及管理能力不高、公共交通拖后腿等等问题，使得交通拥堵情况越来越严重。那时我就估计到，如果北京汽车保有量再上升一个百万级，可能就会采取限购措施，车市遭遇调整在所难免，所以我决定提早做好应对。

2008年10月，我先后到四川、重庆、湖北等地考察汽车市场，觉得所到之地颇有前景，运营费用比北京低，并且当地朋友也都愿意帮助。当时我还在心里暗乐，难道要学当年的刘备，竟然要跑到蜀国来避风头？

考察后回到北京，我就开始筹划带些人直奔“蜀国”市场了。可就在这时，由美国次贷危机所导致的全球性金融危机，开始对中国经济产生重大影响，举国上下摩拳擦掌，发奋自强，鼓励购买汽车自然也成了支持经济发展的举措。

也就在这时，北京市领导表示，北京的汽车政策将是“不限制拥有”，但会考虑“限制使用”。这意味着，北京不会从购买环节进行限制，但你买了车之后要使用的话，可能就要花费比较多的钱。

“限制使用”也会压抑人的购买欲望，比如香港的汽车使用费用很高，所以拥有私车的家庭并不多。但是，从汽车经销商的角度看，不在购买环节进行限制，这对销量的影响应该还不是很大。因为毕竟会有相当一部分人会想要拥有自己的车，即使他并不准备每天都开出去。其实，北京市领导的想法也是想多卖车，这样才不会因此影响到本市的经济数据。

所以，北京市领导的讲话等于给汽车经销商们吃了定心丸。

由此我粗略测算了一下，也许北京的汽车保有量可以达到同类国际大都市的六七百万辆的规模。实际上，这一政策思路确定之后，北京市很快就推出了一个限制使用的政策，规定轮流按车牌号尾号限行，每个工作日限行两个尾号，每天的限行车辆达到七八十万辆。这种限制应该说起到了缓解交通的作用，但有少数家庭因为用车不方便而有了购买多辆车的打算。

由此我预感到，如果北京的汽车保有量超过一定基数，可能还是会采取限购措施，只是我推测，从北京通常每年的汽车新增比例来看，这种限购可能是四五年之后的事。事后证明这是一个被官员讲话所牵引而导致的误判。

于是，我不仅暂时搁置了汽车店外迁的计划，而且当加盟汽车厂家要求在北京增加销售店面的时候，我毫不犹豫地投入资金开了一家新店。

据我测算，开一家新店如果销量上去，经过一两年的运营，到第三年仅靠车辆维修服务这一项，基本上就可以盈利了。当时我想赶在出现限购政策之前，将新店经营稳定下来。

始料未及的，一切来得那么突然。

首都很快就被民间舆论戏称为“首堵”。

2010年的9月底，临近中秋与国庆两节，按照惯例，北京又开始了交通拥堵。国人的习惯，每逢重要的节日之前，大家都会争相给长辈送些礼品表示敬意。对工作有重要影响力的客户、领导和机关，也都被放到与长辈同等的位置。北京又是全国领导机关最集中的地方，拜望问候的频率可想而知。所以历来每年四大节的前一周，北京交通都要比平时拥堵许多。

2010年的北京交通，却在一些不太相关的因素推动下，突然引起全国甚至全世界的关注。根本的因素当然是汽车的增加。这一年北京的汽车保有量已经越过400万辆大关，而且车辆销售逐月增加，使得总保有量快速逼近500万辆。

路面交通的特点是，当它达到拥堵的临界值时，只要稍微增加一点小麻烦，比如新手开得慢一点，有人变道行驶，或路边有一辆故障车，都会立即引起交通拥堵。每个月数万辆新车驶入路面，又加上两节前许多人出门送礼的车流，路面交通由缓慢到发僵，再到半身不遂，直至让各类交通参与者抓狂。

客观地说，这些年北京的路虽然越来越堵，北京人的交通文明素质却逐渐提高。原来闯红灯、乱变道、超速、一遇堵车就乱加塞儿的低素质现象越来越少。路越来越堵，北京人开车的脾气也越来越好。

北京人有一个调侃自己的故事，说是有一位哥们儿开车在路上堵着，忽然看见一位街坊熟人从马路边走过，赶忙打招呼请人家上车，要捎上人家一段，街坊赶忙摆手，不了，不了，我还有事要先走。

北京人面对堵车的好脾气，让许多外地来的朋友都很惊讶。听说每天花在上班路上的时间两三个小时是正常情况，他们总是感叹：这么长时间，搁外地都上完半天班了，北京人每天就这么堵着，怎么活呀！北京人还常跟外地人解释，说其实也不是全天都堵着，也只是早晚上下班两个高峰时段最堵，再就是几个环路堵得厉害一些。

还有媒体报道堵车也有积极意义，有对年轻夫妇为了避开每天的堵车高峰，两人总是提前上班推迟下班，时间一长，两人竟然都成了单位的优秀标兵。还有位助人为乐开大奔的老板，每天都会从自己小区附近的公交车站，捎几位陌生人进城，现在这哥们儿也成了公益助人的楷模。

不过再好的脾气，也是有限度的。

在合理的限度内，大部分人可以逐渐习惯堵车，少数人甚至能利用堵车来锻炼自己的修行。可如果一天只堵一次车，且这一次堵车是从早晨上班开始，一直持续到晚上九十点钟，并且全城都堵。这样的堵车，在这年的北京被称为“9·17大堵车”。

2010年9月17日那天的北京交通，一早上班是按惯例的早高峰拥堵，到了九十点钟就因为送节礼的因素，使得整个白天外出运行的车辆比平常多。不巧的是，不期而来的一场小雨，从前一天晚上一直下到这天的下午。

雨中行车自然慢一些，等到午后好不容易雨停了，要命的是这天还是星期五，周末下班时段本就比平常要堵不少。

碰到这样的情况，脾气再好恐怕都免不了要发牢骚。

以往老百姓发牢骚，也就私下里小范围互相讲讲算了，可时代不同了，这一年北京人对堵车的不满，恰巧赶上了另一件不相干的事，就是微博刚好开始进入普及阶段。

于是，北京老百姓的牢骚通过网络媒体，向全国和全世界进行了放大传播。

北京堵车，全球关注。以微博为主力的网络传播，使得第二天全国都在谈论北京大堵车，北京由此被民间舆论戴上了“首堵”的帽子，连国外媒体也进行了大量报道。一时间，给北京市的管理者无形中施加了很大压力。

政府管理有一个特点，当什么事形成民意压力，特别是成为一段时间舆论集中关注点的时候，政府就要急于出台应对措施，以避免不作为之嫌。哪怕出台的措施并没有经过深思熟虑，没有实践的实际运营验证，也会很快推出。匆匆忙忙推出的东西，不可能十全十美。

于是，就在北京被冠名“首堵”两个多月之后的12月23日，北京市正式发布了以汽车限购令为主要内容的交通拥堵治理措施。

这项政策规定自2011年起，每个月全市新投放的汽车牌号为两万个，北京市具备申请购车资格的人，需要到网上去登记申请，通过摇号抽签的方式来获得。原来的汽车牌号车主可以换购汽车使用，但不可相互转让。

开场的锣声响了

北京限购政策出台后，有一个短暂的时期，汽车销售店突然门庭若市，一派热销局面。

在这之前，由于汽车市场竞争异常激烈，各种车型可以随意买到，各种品牌的降价促销此起彼伏。汽车商家对上门的客户争相大献殷勤。所以，通常情况下，来到汽车店里的客户也是一副趾高气扬的派头。

可现在听说购车要由政府掌控的摇号机来安排了，北京人一边抱怨，一边连夜排队购车。许多汽车4S店也开始通宵营业，员工从最初几天的晚上七八点，逐步变成夜里两三点才能下班。

一时间，暂时买不起新车的，就到二手车市场去买辆最便宜的旧车，冲的就是牌照。而那些大手笔的经销商，还有租赁公司，则是成百上千辆地为自己手中的汽车挂上牌照。一时难以提到车或资金不能到位的，则是和汽车店先签订协议，拿到相关部门去备案，在半年内陆续完成交易上牌。

2010年的最后一个星期，北京的汽车市场是在一片躁动中度过的，全世界汽车业界的人士都知道。

忽然间，20年前四处托人买车的场景再度重现。只是汽车店的大部分店员都没见过这阵势，即便有些那个年代入行的汽车店老板，看着店内拥来挤去交钱的人也觉得匪夷所思。要知道20年前不仅汽车难以买到，就是买车的人也很少，每天也就是那么几个而已。

疯狂抢购过后，北京无论哪家汽车店销售员的腰包里几乎都是鼓鼓的。但是当他们拿到沉甸甸奖金的时候，心情也是沉甸甸的。

这是北京汽车销售市场最后的疯狂，他们清醒地知道，接下来的北京车市，可能再也没有自己的立足之地了。

2011年的春节，是我跨入汽车行业创业的第10个春节。

除夕之夜，望着窗外夜空的绚丽烟花，我的思绪却在来年春天打转：到那时，我们将如何度过市场危机呢?

10年来，中国汽车市场比我刚进入时差不多增长了十倍。

与汽车业整体约有5万亿元的经济规模来比，我们公司一亿多元的收入只占其三万分之一的份额；全汽车业从业人员在3000万左右，以我们公司100多名员工来比，只占到三十万分之一。

可以说，我们只是汽车产业这个大江河中的一瓢饮而已，加入其中或泼到堤外，没有任何人在意。也就是说，企业的生与死对中国汽车业没有任何指标意义。

但是这家我一手创办的企业，其成败兴衰却于我有着特别的意义。这不仅是因为自己在其中倾注了10年的心血，每年还有虽然不高但还过得去的利润，更主要的是还有100多名员工的饭碗在这里，大家朝夕相处，如果企业散摊了，再想找这么一个开心合作的地方就不容易了。

还有一层意义，作为一名民营经济与创业的研究者，我已经用这家名叫“瑞征”的小企业作为标本持续研究了10年。

10年来，通过这家小企业，我从中观察到每一个年景创业者与草根企业的生存状态。如果企业不存在了，意味着我的研究标本也就死掉了。但凡研究者都知道，坚持对一个固定标本的持续研究，往往会取得意想不到的成果。

想到这里，窗外刚好有一个大礼花在空中爆开，让我的情绪一下子从忧虑中摆脱出来，如果定下“草根小企业如何渡过危机”或者“危机怎样打垮小企业”这样的研究题目，瑞征公司不就为我提供了最好的观察视角和研究机会吗？

那么我何不从今天开始，一边应对危机，一边做好记录，无论公司在危机中生存或是死亡，我至少可以获得一份小企业应对市场危机的研究报告吧，而且这份报告可以说是最真实的。

想到这里，窗外又传来一阵震耳欲聋的爆竹声。

我在心里对自己说，开场的锣声响了。

上篇

危之机

01 思出路，发心数变

北京被冠以“首堵”雅号之后，从北京市及相关部门的应对表态中，我就敏锐地感觉到，政府两年前所定的“不限拥有，只限使用”的汽车政策要发生变化了。

随着预感一步步被证实，我的情绪也在一点点起变化。

刚开始，我有一种埋怨情绪，怎么两年前说的话说不算就不算了？

人性的弱点，就是遇到无力解决的难题时很容易诿过于人，推卸责任。当时我的情绪就是这样，对北京市领导说的话两年后就不算数，很有意见。

后来想想，如果我处在北京市领导的位置，大概也不会有更好的办法。十几年前，上海采取车牌拍卖的办法限制汽车的过快增长，当时我还在新闻界供职，还曾为此写文章抨击过。等北京的政策出来了，有新闻界的朋友又说还不如上海的政策。后来广州的限购政策出来，大家也有说还不如北京的。

一项政策很难完全解决所有问题，大家从各自不同的利益角度去解读，当然会有好或坏的判断。如果从公允的角度来评价，应该看政策制定者的真正意图指向，是不是为自己谋私利，是不是解决了主要问题，所带来的副作用有没有引起新的激烈矛盾。

有一本叫《零极限》的书，书中有句话让人印象深刻，大意是，无论如何，每个人都要对自己面临的问题负百分百的责任。不管作者观点的依据是否让人完全信服，但有一条是毋庸置疑的，那就是如果我们自己不主动去解决面临的问题，这个问题通常是不大可能被解决的。

况且，我之所以感到新政策冲击力很大，还不是因为公司业务基础不够强大么？特别是我们的售后服务业务相对薄弱。如果售后业务非常好，我们可能都不需要依靠售车就能有很好的收益。

所以，没几天我就摆脱了埋怨心态，专心投入到寻找应对办法的行动中。

从公司现有两家店面来看，老店问题不大，有6000余客户在这里接受服务，限购之后即便每年销量只有原先的三分之一，销售环节会亏损，但售后服务的利润还能弥补。老店勉强活下来不是问题，只是销售部门可能留不了多少优秀员工，所以不会有大的发展前景。

春节之后，鉴于售后部门需要加强力量，我将老店一些销售人员调整到售后服务部门，可调整没两天，员工就提出辞职。在没有信心的情况下，稍有风吹草动员工就可能离去。

此时比加强老店售后服务管理更紧迫的问题，是尽快激活新建的那家店。

根据两年前北京的汽车政策，我们新建了一家与老店规模差不多的汽车店，主要用来经销加盟厂家新推出的轿车。当时找不到更靠近城中心的店面，新店有些偏远，厂家推出的轿车在北京属于导入期，在北京这样的高端市场，自主品牌汽车处于市场弱势地位，我们一时又没有优秀的经营人才派到新店去，几方面因素叠加，导致近两年新店销售业绩低迷，一直在亏损。

我们有没有信心？

2011年农历正月十六，我召集公司员工到会议室开沙龙。这期沙龙的主题是“我们有没有信心”。

如果回头来看，这个主题多少反映了当时我并没有多少信心。

员工们就更不用说了，北京公布限购政策还不到两个月的时间，两个汽车店的销售人员走了一大半，多数都是回外地老家了。就连一年前我高薪招聘的公司总经理，也准备回老家创业了。

我一时没有明确的应对思路，春节前就对员工说暂时啥也不要管，先过了年再说。现在春节过了，我决定先来摸摸员工们的情绪。

实际上，从北京推出限购政策，到我和员工们开信心沙龙之前的这两个月时间里，我是做了许多功课的——

在安徽老家，我考察了合肥、六安等好几个地方，看是否能在那些地方建汽车店。

原先在报社的一位同事跟吉利汽车的老板说得上话，他推荐我去申请沃尔沃轿车的经销权。

与一位在建筑界做得很红火的老乡洽谈，看双方能否联合起来承接一些建筑和土方开挖工程。

与一家研究生院协商，能不能联合开办一家汽车经销店人才培训学校。

……

与人聊起来，我的这些临时抱佛脚的想法，对方都答应考虑，但真要付诸实践，却不是三两个月就会有眉目的。

春节期间，我大多数时间都在考察北京的汽车维修服务市场，重点是4S店之外的维修体系。按我的想法，如果北京汽车销量真的下滑很大，运营成本很高的4S店有可能会出现倒闭潮，但数百万辆汽车的巨大服务市场由谁来承接，这当中一定有市场空间。

春节前我对员工说踏踏实实过个年时，一方面是让自己有一段时间来寻求应对办法，另一方面也是让员工不要多想，先安下心来，过一段时间再说。但问题是，员工在未见到实际成效之前，是不大可能真正安得住心的。

果然，两个月没到，人走了不少，年轻人心理易躁动，同时相互之间心理影响特别大，恐慌性撤离的情绪还在蔓延。

大家三三两两相互议论，相互拖带着逃离，使我想起了毛泽东秋收起义到井冈山开辟根据地那个时期的局面。相信毛泽东当年的那个时候，应该和我此刻的心情一个样，成天都费尽心思在琢磨，如何才能将每天不断减人的队伍稳定住。

“我们有没有信心？”

主题沙龙刚开始时，每一位到场的员工都拿到了一张A4复印纸，我要求大家将纸折一次，再折一次，又折一次，然后撕去一个角。让大家将撕完角的纸再打开举起来，互相看看有多少种结果。28个人，15种结果。这是我从一位培训师那儿学来的游戏。

大家就从这里开始讨论。

将纸折三下并撕去一角，如果将这个游戏指令看作是汽车限购政策，那么不同的汽车厂商一定会有不同的应对结果。同样的，员工们也一定有各种不同的想法。

有的说，现在每天都很迷茫，上班带着迷茫来公司，下班背着迷茫回到家，感觉身子沉沉的。也有说，现在天天卖不动车，干什么都没劲。

两个多小时之后，逐渐地，意见集中到两个问题上：

“公司的方向到底在哪里？”

“我们通过什么方式才能打开眼前的局面？”

虽说是在提问题，大家语气中显露出的却是急切，甚至是对公司这么久没有给出一个明确应对办法的不满，我很清楚这是一种求战的愿望。

这正是我想要的一个结果。

此前的我，已经暗中进行了近两个月的准备，这么做就是有意识地让员工利用这段时间消化突然到来的危机，让那些犹疑员工组成的动摇板块崩塌掉。剩下的员工，不管是出于什么原因留下来的，果然就有了求变求生求战的欲望。

我又将了大家一军：“现在还要告诉大家，请那些心里还是犹豫不决、担心在我们公司干没有前途的、想离开公司的人，果断地选择离职。”

同时，我跟大家坦白说，到目前为止，还没有发现一定能让我们走出危机的有效方法，但可以告诉大家的是，决不走缴枪散伙的路。我们一定要找到克服危机的路，并且这条路的方向我已经大致有数了。

接着我给大家算了一笔账。

“元旦过后两个多月我们基本上没有卖车，并不等于没有人买车，按照北京的限购政策，买车人还有半年的时间可以等待。那些具备购车资格的人，也一定像我们公司员工一样，这段时间正在好好享受元旦、春节，还有正月十五呢。

汽车作为一百多年来对人类生活影响最为深刻的产品之一，在没有出现新的更高级的替代品之前，一定是老百姓最希望拥有的家庭财产之一。何况按照世界发达国家的发展规律，以北京现在的人均收入水平，正是汽车高速进入家庭的时期。当然，我知道你们要说‘想买政府不让买也是白搭呀’，其实有一笔秘密的大账。”

说到这里，我给大家扮了个鬼脸。

我继续分析道，表面看起来政府每年只允许新增24万的车牌，但并没有说只允许卖这么多新车。根据汽车更新期大多不超过10年的规律，10年前买的车现在已进入更新期，这些车的牌照是会被用来购买新车的。

10年前，北京的汽车销量在20万辆左右，以后逐年都有好几万辆的增长，到了2011年，就有接近90万辆的市场空间。同样的，往后几年内，每年都会增加好几万辆旧车换新车的市场。这一估算，还不包括北京五环路以外对外地车行驶不做限制所带来的市场机会。如果摇不到北京牌号，可能会有人在北京购车，上外地牌号，相应也会增加一些新车市场。

这样看来，唯一的问题是，我们经销的是自主品牌汽车，在摇号与旧车升级换代的背景下，面临竞争力比不过合资品牌的局面。

除此之外，如果说还存在问题，那就是我们自己的工作做得不到位、不被客户认可而导致生存不下去的问题。

说到底，还是看我们自己能不能将素质和能力提升，能不能赢得客户的问题。

大家眼里开始放光了。

我告诉大家：既然如此，从现在开始，再投入两个月时间，好好做市场调查，进行内部组织结构调整，人员技能培训，做好市场布局。

就算再有两个月不卖车，也没有关系。

我坚定地说。

撤出还是坚守？

之所以提出再花两个月时间来整理应对措施，既是在鼓励员工，也是再给我自己一个档期。这时在我的头脑中，有两个完全不同的方案在我脑海里打架：一个是坚持做下去，不到彻底失败不收兵；另一个是趁早撤出，在投入更多成本之前壮士断腕。

拿这两个完全相反的选择去征询别人意见，两个方案都是有赞成也有反对的。

说起来，撤出的理由其实是很充分的。

虽说我对员工分析过，限购之后北京的新车销售量将会是新增牌号数的两倍，但毕竟市场还是被压缩了不下四成。更主要的问题是，压缩的可能恰恰是我们经销的这类民族自主品牌市场。

在北京这样的高端市场，原本自主品牌已经在被边缘化，处于竞争弱势。我们这种汽车品牌前两年推出的两款轿车，无论是造型、性能，还是价格优势都顶呱呱，在全国地市一级的市场销量很好，唯独在北京市场销得非常艰难，以至于我的新店连续两年都亏损。

实行限购之后，没有一定经济实力的人不大可能去排队摇号，没必要去添这个麻烦。而参加摇号的人应该都经济实力不错，好不容易获得的车牌，他们多半不会去买被认为是低端的自主品牌车。

进入北京车市十年以来，虽然与那些经销外国品牌的同行们比起来，我们公司的收益差距按北京话说“大了嗨了”，但毕竟还是每年都有让自己感到满足的增长，何况还常有为民族自主品牌效力的自豪感。

限购以后，即便通过努力能够生存下来，但指望还能像前几年那样发展，应该说是不大可能了。弄不好就是苟延残喘，勉力支撑。

此外，还需要应对另一层困难。北京市同时在政策中规定，将于限购政策推出的一年之后开始推行汽车“国五”排放标准。

近10年来，为了加大城市污染治理力度，北京市汽车发动机排放标准不断升级，相继推出了国二、国三、国四标准，期间还加上发动机加装自动检测系统等措施。在这些连续不断的技术升级行动中，每次国产自主品牌都要落后三个月到半年左右的时间。这一次上“国五”标准，毫无疑问技术等级要求更高，如果我们经销的汽车不能及时升级，再耽误个半年以上，对我们来说等于雪上加霜。

对于一头极度承重的骆驼，一根稻草都能压断脊梁。

何况我们还有一个亏损的新店，下一步不知如何扭转局面。

加之，这几年公司人力运营成本一个劲儿在增加。虽说经销自主品牌的获利能力低，可给员工的工资却不能少，因为是和国外品牌在一个平台上竞争。劳动合同法实施以后，方方面面都对企业卡得严。企业对员工的社保负担非常重，加上员工个人账户，已超过员工工资的40%，可员工还不买这个账，他们只看自己每个月实际到手有多少。

北京城区改造的推土机，再有三两年可能就会开到我们的老店跟前。汽车限购以后，我能看得到的也就是老店的售后服务利润，如果老店搬迁，店租会涨，客户也会流失。加上前些年车辆销得好，经营管理团队对维修服务业务也没有下功夫，业务管理与客户满意方面都隐藏着不小的危机。

人力资源方面来看，普通员工普遍人心惶惶，中层骨干倒是没有大的波动，但可以施展的空间有限。经营管理团队中，总经理已回老家创业，新的团队搭建还没有眉目。

所有的这些，都是公司面临的现实困难。

劝股东高位撤离

人往往就是这样，被一种负面情绪压着的时候，会有更多负面的东西随之而来，让你的情绪继续下沉。况且当时我所面临的局面也的确相当沉重。

如果不是当时公司在厂家返利池里还有一笔可观的业绩奖励，我恐怕毫不犹豫就撤离北京市场了。

根据商界的通行规则，生产厂家是先按低于市场价的经销价向经销商供货，再按月度、季度和年度向经销商发放完成业绩指标的奖励。按照厂家的经销商政策，销售业绩奖励通常都不会直接打到经销商账户上，而是放在称为“返利池”的账目上，等经销商继续进货时，可按照厂家返利池中的奖励额度冲抵一部分货款。

我估算了一下，要把2010年厂家的业绩奖励全额拿回来，还得一年左右的时间。当时公司每年的运营费用已经接近千万元，预计销量肯定下滑，一年下来估计这笔奖励有全都耗进去的可能。接下来一年北京搞“国五”排放标准，再接下来公司可能又面临维修厂搬迁。一旦经营不好，一年耗去500万，很快就会把家底耗净。

可是，有那么一笔奖励就摆在厂家返利池中，丢了又实在可惜。

几经权衡，我决定自己先在公司抵挡一年，掩护公司的另一位股东趁家底最丰厚的时候先撤离，这样她的股份至少可以高位套现。

这位股东在公司里所占股份不是很高，当初我从媒体出来打算创业时，她哥哥替她出钱投资入股，一方面是对我创业的支持和信任，另一方面也是托付我对她有所照应。

她是农村来的孩子，特别认真，也很能吃苦，几年下来就从最初的收银员成长为公司的副总经理。她一直对公司充满感情，每次回老家，邻居们都对她成了公司领导很羡慕，夸她有出息。她感到很自豪。

我把这位股东看作妹妹一样，有时候看得比自己亲妹妹还重。对自己妹妹我碰到问题还时常忍不住会发火，但对她我从来都是有商有量。各种利益，我也都是不用她说，总是提前替她考虑好。曾经有人对此提出异议，我还是坚持原先的承诺。她也对我的关心很清楚，知道我只要涉及到她的决定总是为她好，所以长期形成了一种习惯，只要涉及她的利益，我一般都只是给她打招呼，就可取得共识。

不过这一回，当我按照原来的惯例，为她的利益着想，提出让她高位撤离时，却引起了她的误解。

一开始，她并未直接表达对我的不满，而是提出了一个撤离条件，似乎没有过多考虑我的处境，也不符合原先我们互谅互让的惯例，让我有些措手不及。

后来，她才告诉我，对这个公司她是全心全意的，把所有的心思都放在这里，有我在前面领着她往前冲，她从未有过离开的想法。即使现在遇到了这么大的市场危机，她也只是想着怎样帮我去克服困难，没有想过要先行离开。

这时我意识到，在这件事的处理上自己犯了错误，没有考虑周全。一个人对大事的认知与决定，不是别人能直接代替的，所以才有常言所说的“大主意要靠自己拿”。

让股东先撤这件事上，至今我也认为自己对市场的判断没有太大的出入，也是实实在在为她的利益着想。

半年之后，这位股东不幸被查出身患重病，遂通过家人向我提出退股。尽管公司当时已经被市场危机消耗了不少元气，我还是决定在他们提出的条件之上，增加了投资分配比例。可这时的分配，比公司高位时，还是少了一些。

两年之后，公司基本上渡过了危机，获得了在市场上生存下去的空间，但由于我们应对危机做了不少新的投入，所以即便这位股东等到危机之后再分股，价值也比我提议撤股的那时少了许多。

我当时的失误在于不该替她作决定，没有给她一个思考与判断的过程。也正是通过这件事，使得我在后来应对危机的过程中，始终把握住一条：我可以引导别人去思考，但最后一定是他们自己去做出决定。

先有“愿心”，后有出路

有的人明明面前有着很大的机遇，有的人虽然遇到了问题，我已暗地为他筹划好出路，但如果他们没有从内心发愿，没有认真投入去把握机遇和突破困境，这时候我很少表示强烈支持或者坚决反对，只会做一般性的提示。即便有时他们对我有误会，但为了激起他们强烈的“愿心”，我也故意冷淡他们，让他们自己去想办法，拿主意。

正是通过这样的方法，我逼出了几员能和公司真正同舟共济的大将。

我发现，在任何一种激励理论中，都将“发心”当作第一重要的因素。

比如，现在全国都在讲创业，许多创业成功人士都会讲到创业者首先要有强烈的创业梦想；学习型组织理论创始人彼得·圣吉在他的著作中，强调人和组织要有愿景；传统的中国儒家教育，也认为人要自强不息。

在调动人们的积极性方面，共产主义理论最为强调信念，面对自己队伍中出现的腐败，大家大都认为首要原因出在腐败者丧失了原先追求的理想和信念。共产主义者宣称自己是彻底的唯物主义，但对人的管理和教育，却特别注意从心开始。

在心的层面上，法律也是如此，针对同一犯罪行为，也会根据是“有意”蓄谋还是“无心”失手，再决定给予从重还是从轻处罚。

可以说，一个正常人的行为和心态表露，最初都来源于“起心动念”。

起心动念只是始于一个闪念，如果对这个闪念的价值很认可，逐渐就会让自己产生行动的愿望。有些行动不那么容易完成，需要长时间、不间断、不怕苦，甚至不惜以生命为代价，那么这一行动就可称之为“奋斗”。当一个人起心和动念强烈到了一定程度，促使他决心用行动和奋斗去完成的程度，佛家将这称为“发心”。

可见，“发心”来自对某件事的价值判断。

价值判断是一个在内心不断反复进行的过程。在这个过程中，判断者需要将获得的新信息与自己内心已经存在的价值标准（也即价值观）不断比较。越大的事情，越大的行动，就要做越长时间的比较和衡量。

比较一点，得出一点结论，再深入往前一点进行比较。所谓的“分析”，就是把事情一点点分开来，一点点来比较好与坏，最终内心认同了价值最大的部分，并且以此来决定是否采取行动，从而形成了“发心”。

所以，想要别人家的“发心”跟自己所希望的一致，一定要给对方一个认识和比较的过程。没有这一个过程，很难让对方认同你的理念，没有认同你理念的“发心”，不可能让对方义无反顾地为你的设想而采取行动，特别是对那些需要对方去奋斗的事情。

在需要以奋斗的姿态去对待的事情中，困难经常会大过行动者的“发心”，行动者付出的努力不足以克服困难，最后就会半途而废。激励行动者不断地鼓起更大的发心，战胜所遇到的困难，是发起者应起到的作用。但发起者的这种作用只能是引导式的、启发式的、创造条件的，并且一定是给足时间的。也就是说，发起者所起的作用，只不过是肯定对方内心已有的某种价值观与愿望，并使之进一步放大。有时，对方甚至还没有意识到这一点，发起者的作用则是将其开发出来，让对方去发现和确认。

这就是当下我最重要的任务。

从一定意义上讲，我只不过是帮助对方将“天生”在心的价值观之火药，通过“开发式”的引信点燃，进而迸发出称为“发心”的精神力量，从而推动他们去行动。

当然，如果这个人没有你所期望的“价值观火药”，或者“火药”不足，那他就不是你要寻找的人选。

通常大家都以为经商做企业要务实，距离什么虚头巴脑的理论东西最远，其实企业与各种组织一样，往往受到很多哲学思想的牵制和引导，只是许多时候没有察觉而已。

所以，看到合伙股东没有退出公司的发心，而且对我产生意见，我没有为自己的提议做更多的解释，也没有生对方的气。我当即向她表示，既然她有坚定干下去的决心，那我们就共同努力吧。

于是，我收回了犹豫，坚定地把“往前干”作为唯一的选择。

02 稳局面，扎住下盘

放弃还是坚持？就在犹豫的几个月中，我亲临公司维修服务第一线抓运营。

前面曾经提到，当初我创立这家汽车公司的最初目的，除了挣钱之外，还想体验一下创业的实际过程，为自己的民营经济研究提供实验成果。

所以，在创业两三年之后，我已经将公司的日常管理运营交给了总经理，一方面体验所有权与经营权分离的实际效果，一方面也为自己腾出来一些研究的时间。

北京推出限购政策之后，总经理处于脱岗状态，公司上下恐慌情绪蔓延，我没有丝毫犹豫就顶到了经营业务第一线。

在北京限购政策生效之后的三四个月里，汽车销售市场之冷清犹如寒冬荒原，真是“千山鸟飞绝，万径人踪灭”，下一步的出路还在摸索中。

于是我直奔维修服务部。

“党支部建在连上”

维修业务如常，也是困难时期能够为公司提供利润支撑的板块，可以说是企业能否稳定住的下盘，我想一定要下力气将它扎住。

只是往前继续干，怎么个干法?

我想，不管什么干法，如果干事的人没有活力，肯定都是白搭。于是，用什么机制能够让整个队伍充满活力，成了我重点思考的课题。

前面说过，危机当前的员工队伍，就像毛泽东当年上井冈山之前，人气极度涣散。毛泽东当时不得不在三湾对部队进行改编，把士兵大量逃散减员严重的部队进行缩编，团变营，营变连。

将公司现状与三湾改编相比较，让我想起2008年到四川、重庆一带考察汽车市场时结识的一位朋友。这位朋友对中国党史和军史颇有研究，他告诉我，“三湾改编”之所以在中共党史和军史中占有重要地位，并不是因为那时是人民军队最困难的时期之一，关键是毛泽东在这里找到了一个最重要的带队伍的招数。人民军队后来之所以强大起来，最终取得全国政权，变成敢于和强大的美国军队相抗衡的厉害角色，就是这一招发挥了关键作用。

这就是——将“党支部建在连上”。

强大的中国军队，居然来自于“党支部建在连上”的组织结构变革。

听了这番颇有见地的阐释，我立即联想到，有些私企的业务战斗力很强大，其中也有类似因素在起作用。

北京一家大型超市集团老总告诉我，在他超市里开店的个体户和单体的小型私企中，往往那些“夫妻店”“父子店”“兄弟店”的生存能力，既强过那些独自一人投资的店，也强过那些哥们儿合伙开的店。

大家结伙投资是抗衡风险的力量之源。独自投资的店，一人勉力支撑，遇到困难无人相帮，容易倒。

哥们儿合伙，又不如夫妻、父子、兄弟的粘合力强，比起家庭成员之间的关系，哥们儿关系更松散，价值观差异更大。正如俗话说：“不是一家人，不进一家门”。所以，“不进一家门”的哥们儿之间在思想、感情与利益方面存在的差异，比“进一家门”的那些人就大了些，相较之下，凝聚力和挺过市场危机的耐力也就差了些。

或许这就是家族企业能够长久存在的原因。

然而，随着企业的扩大，不断进入企业的，跟得上企业发展的，并不都是“一家人，进一家门”的人。相反，父子、兄弟甚至包括有些夫妻，随着时间的增长，也不再进一家门。

于是，让“不进一家门”的人通过感情交流，更主要是通过利益联系，使一小部分人更紧密地团结在一起，形成比一般的同事和朋友更强的凝聚力，在企业里显得日益重要。

在企业中实现这种紧密联系关系的方式有很多。如人人有份的较高的福利待遇，共同企业文化价值理念的培养。老员工年头越长，对企业越有感情。还有基本规章制度的约束，再就是层层级级的干部队伍等等，这些都能在不同层面上培养出对企业的凝聚力。

私企里面最高凝聚力的关系结构，存在于股东之间。这种关系的力度虽然比不上那些“进一家门”的人们，却是企业向社会化发展过程中，最可能让各当事人发心去维护的共同利益关系。在企业中，股东之间的相互关系，与社会上那些为了共同理想而组织起来的政党有异曲同工之处。我觉得，股东会就可以看成是企业里的执政党。

如果说在忠诚于中国共产党的中国军队里，党就相当于私企里面的股东，我想到，在面临危机的时候，面临队伍溃散局面时，能不能也像毛泽东当年上井冈山前搞一次“三湾改编”呢？是不是也可以通过将“党支部建在连上”来提升整个队伍的活力呢？

我越想越觉得有戏。

在私营企业搞“党支部建在连上”，就是让股东会的股东们分散到各个业务部门，既协助部门经理带领员工，又对部门经理形成监督，遇事还可以商量，还可以互相替补。这样能加强一线部门的稳定性，提高战斗力，同时股东会也可以及时掌握相应部门的信息，股东与业务领导之间就不容易产生相互猜忌，有了问题也容易暴露和解决。

方针定下来之后，问题随之而来，公司股东原先只有两位，另一位股东因病退股之后，实际上只有我一位股东。在这种局面下，如果我引入新的投资者作为股东，一方面他对公司不可能很快就了解，另一方面也不一定能抽出身来在公司具体任职。

该是我展示胸怀的时候了。

我决定，放弃用股份换取与其价值对等的资金，换取真正能够给公司日常运营带来力量的无形资金。具体而言，就是把那些业务精、事业心强的业务骨干发展为新股东，让他们只是象征性地投一些资金，就可以在一定的局面里获得不错的股份收益。

事后证明，“党支部建在连上”是我们战胜危机的成功策略。

亲临售后服务第一线

在信心沙龙之后两个月左右，公司三大业务板块开始实行独立核算，“党支部建在连上”机制全面推行。我让老店的维修服务业务独立，老店销售业务独立，亏损店独立，形成了三足鼎立、相互依撑的新格局。

此前，在限购政策刚出来一个月时，我冲到售后服务的第一线，以股东身份来管理业务，算是率先实行了“党支部建在连上”。

刚到售后服务部的时候，我们公司在厂家组织的客户满意度调查中，不仅在北京同品牌汽车店中排名最后，在全国也是中等偏下水平。长期的低水平管理，使得客户满意度难以提高。虽然年维修服务的营业额已超过千万元，但每年业务增长的很大比例，都来自于销售部门当年的销售所产生的新客户，等到车辆质保期过了，客户就大量从我们这里流失。

限购之前，公司两任总经理都是将主要精力放在车辆销售上。这也难怪，每年一两个亿的营业额，售后服务占比不到10%，而且厂家对车辆销售环节抓得很紧，也促使我们公司要以销售为先，每个月的销售业绩好，在业内就会有好的评价。加上销售过程中有其他商家在竞争，每一辆车的价格都可能要随时调整，总经理与销售部门在一起办公，可以就近满足销售业务需求。同时销车量上去了，自然也会带来维修服务的业务量。所以总经理们将工作重心放在前面的销售部门，也是情有可原。

还有一个因素，售后服务要经常面对客户的质疑与不满，躲得远一点，可以少操些心。由于建店时的条件限制，公司售后服务部与销售部分隔两处，距离上千米，本身也对服务部的管理造成来不便。所以，限购之前的售后服务工作，基本上处于放任自流的状态。

第一天到服务部上班，我就发现了不少管理上的漏洞。有人悄悄告诉我，车间烤漆房里正喷漆的一辆车是没有开工单就施工的，好像是喷漆车间主管朋友的，不知道是不是干的私活。

钣金车间地面上的灰尘厚厚一层，人一走过，就现出一行脚印来。喷漆房本来是洁净度要求很高的，如果有灰尘，会在喷漆时落到汽车漆面上形成脏点，可是竟然有人将喷漆之前打磨底子的工序放到喷漆房来进行，打磨下来的水泥浆子流得满地都是。

机修车间房顶是铁皮做的，冬冷夏热，吊着几盏照明度不足的节能灯，有的还坏了。

卫生间的下水道堵了，污水四溢。后来我发现，场院大部分下水道都堵塞了，因为排水系统几年前修建好以后，其间很少有人张罗疏通过，更别说按月进行维护清理了。

客户休息室烟雾缭绕，那些不吸烟的客户只好在场院里四处转悠。院子里烟头也扔的到处都是。

售后服务部员工在公司里地位不高，经理们既没耐心对员工精挑细选，也没有认真花功夫对他们进行职业培训，服务部内部的工作流程也很不完善。每一项作业的施工进度没有统一规定，维修结束后也没有严格的质量检验过程；没有统一的派活儿和接工程序，员工还可以对派来的活儿挑肥拣瘦；维修结果两头不知道——客户不知道多长时间能修完，也不知道修的质量怎么样；公司对客户的满意程度也不知道，没有回访员去追踪询问。

员工大多是农村进城打工的年轻人，本性善良，但文化水平偏低，基础素质差。对收入待遇时常表露不满，没有多少进取意识，多数男孩子都学会了抽烟，除了接受分配的活儿外，也不看书学习，很少有心思去钻研一点汽修知识。

公司没有员工休息室，空闲时间，员工不是偷偷出去抽根烟，就是往门口一靠，往墙根儿一蹲，低头打瞌睡或者玩手机，或者漫不经心看着场院。他们不大主动和客户打招呼，也不太讲究和客户的沟通方式，更不大可能想到自己的形象与素质会影响客户对公司的观感与评价，甚至还有员工受不了责备，忍不住和客户对骂。

客户车辆出现故障，一般都会打电话来要求救援，服务部都会答应派人前往，可没有一套科学合理的内部派工流程，人员没有保证，车辆没有保证，故障判断与维修方案更是无人提前考虑，整个救援过程往往随意性特别大。有时听说有客户要求救援了，可过了好长时间救援的人还没出发。

在我的工作日志中，曾经记录着客户的一次投诉，说向我们打过救援电话，五六个小时才见人过去，而且去了不道歉，也没有任何解释。由于救援工作经常挨骂，公司也没培训员工怎样应对客户的抱怨，所以维修工都不太愿意出去救援。客户和维修工对救援都有抱怨，形成了恶性循环。

更让人不可思议的，常常是维修完车辆收不到维修费。客户有时直接就将车开走了，因为平常值守的门卫人员星期天休息，这一天大门竟无人替补值守。

一般情况下，出险理赔车辆的利润率要高于普通机修，服务部对出险车辆维修完工后，因为理赔业务员经常丢三落四，报给保险公司的手续不齐全，使得保险公司时常拒付修理费。

几年来维修厂虽然进行了一些改扩建，但由于是承租别人场院建的，外围栅栏一直没有美化改造，栅栏外都是柳树和荒草，显得企业的外在形象很差。到了晚上，厂区院门是用活动的栅栏挡上，再拿链子锁缠上锁好。

我刚到维修服务部那阵子，为了摸清厂区晚上的情况，特意进行了夜查。第一次去夜查时，是晚上八九点钟，值班的小伙子在门房里打瞌睡，我发现栅栏中间有根铁条不知哪年月被人掰掉了，从没有铁条的栅栏洞口钻进去，在场院里转了一阵子，发现有维修客户的车辆小灯没关，打电话将管值守的负责人叫来，值班的小伙子才醒了。

老板变身清洁工

介入维修服务业务之后，看到那么落后的管理局面，我心里反倒没有特别着急。问题太多，只要改进一点，就能显得特别不一样。

当然对困难我心里也有所准备。过去老店每年销售一千多辆新车，即便流失比例较大，也还是不断在增加客户。限购之后老店的销车量会大幅下降，原先在客户中造成的不良印象短期内不易扭转，所以我们再努力，也顶多只是将业务量的下降趋势减缓一些。到时候，员工有可能只根据业务量来判断，觉得你董事长下一线也不过如此。

私企老板也是要注意员工舆论的。特别是我一直希望员工和投资人一样，大家都将企业当成自己家的，所以员工们想什么、讲什么我总是很关心。但到了这个节骨眼上，作为企业投资人，我要求自己，不要太顾虑不好听的话，更不要害怕出不来业绩面子上下不来。

企业顺境时都管理成这样，逆境时老板再不冲在最前线，那企业只有一溃千里。有位知名创业家对此讲过一个比喻，大意是说几个猎人一起去打猎，碰到一头狗熊，子弹都打完了，狗熊还没死，并且朝猎人们冲了过来。这时候有的猎人扔下枪抱头就跑，也有猎人扔掉枪却拔出匕首，上前去和狗熊拼命。创业家说，在私营企业里“没被打死的狗熊”就是市场危机，那扔掉枪就跑的是职业经理人，那拔出匕首去拼命的，一定是这家企业的投资人。

刚开始，我只是动员员工们搞好厂区卫生。

那阵子下了几场雪，我每次和大家一起扫雪。平日早晨，我也是赶在上班前到修理厂，和员工一起将场院尘土清扫干净，晚上下班也时常陪同员工清理车间。用大扫帚清扫钣金车间堆积的厚厚尘土，尘土会飞进相邻的漆房，员工们根本没信心去弄干净。我就带领大家用沾了水的墩布去粘那些灰尘，一连几天干下来，一桶桶的清水被墩布涮成泥浆，钣金车间终于达到了清洁要求。

我心里很清楚，由于长期没有经过严格的职业素养训练，要想让员工养成良好的习惯，短时间内只靠号召是不行的，严厉的训斥处罚也会让他们感到压抑。最好的办法就是我一边不断地要求，一边自己带头去做，去示范，去感染他们。

厂区里到处是客户扔下的烟头，但清洁工干活不认真，我除了反复叮嘱她应该在半小时内巡拣一遍，就是亲身示范，凡我走过的地方，只要有烟头，我随时都会弯腰捡起来。

厕所卫生是客户最敏感的地方，虽然我动员大家，人人都要参与打扫和维护厕所卫生，但这里也是员工最不愿伸手打扫的地方。我每次去厕所，只要发现有一只脏脚印，都会去用墩布给拖干净。

我带领几位主管制定了新的门卫制度，要求所有车辆凭出门条出厂门，我每次开自己的车出厂门时，都会事先开好出门条，规规矩矩交给门卫。

就这样，在我的带动下，国际通行的工商企业以“清洁、清扫、整理、整顿”为基础的现场管理措施，在服务部逐步落实下来，渐渐变成了员工的习惯。

一年之后，员工们不仅能够维护本岗位的卫生，就连客户休息室、厂区和厕所这几个清洁工专门打扫的公共区域，也被大家承揽下来了。员工们兼职维护出来的公共场所卫生状况，有些比专职清洁工打扫得还要好。

关爱员工，回报最大的投入

关爱员工一直是我的习惯，到了业务第一线以后，我就有了具体落实下来的机会。

面对这些年轻人，我总会想起二三十年前，自己刚到北京参加工作，单位领导所给予我的那么多关心爱护。

当年，有一次我生病发高烧，有位领导让家里人炖好老鸡汤端到宿舍给我喝。我女朋友大学毕业，按照当时计划经济下的分配制度，她分不到北京来，单位从部门主任到最高领导，一起通过各种关系替我们想办法，花了几个月时间成功地将她改派到北京。

我刚参加工作时，业务能力不强，老同事们总是非常耐心地为我们年轻人讲解业务知识，带着我们到各种场合去体验，一点一点引导我们成长。我想，当时那些领导和老同事可能也像我现在这样，看着现在的年轻人，觉得既可爱又挺不易的吧。

年轻人抽烟是我最反感的嗜好之一。按道理应该彻底禁烟，但我父亲就抽了一辈子烟，所以我知道让员工们戒烟有多难。于是在尽力劝他们戒烟的同时，我也专门为员工设了吸烟区，好让他们不再偷偷地跑到场院外去抽烟。

公司还专门设立了员工休息室，配备了可以上网的电脑、书架，摆放了一些技术和励志书籍。为了解决车间冬冷夏热的问题，车间顶拆开加装了厚实的隔热层。库房也装上了空调，员工工作服也由公司出钱送到洗衣店洗；经过与快餐公司一番交涉，送来的饭菜质量达到了一定的水准，员工吃得开心，甚至冬天都能吃上做好保暖措施的热气腾腾的饭菜。

待遇是员工最敏感的话题。原先的收入分配虽不算低，但如同工作现场管理一样，缺乏合理化科学化制度。其实现场工作中员工积极性不高，工作安排不合理，也都与收入分配制度有关。但一个真正科学合理的薪酬待遇制度体系，不花一年以上的功夫，是不大可能建立起来的。让员工长时间等待合理的薪酬制度出台，他们可能没这个耐心，我也觉得没这个必要，于是就分部门、分岗位来不断提高员工的收入。到了年底，我们花在员工身上的人力资源支出，已经占到服务总产值的三成左右。在汽修行业，这个比例被认为是一个最高警戒线。

一切都围绕一个标准，就是企业老板要时时关心员工的情绪和利益，要像对待家里人一样对待他们。

我经常找员工到办公室来谈谈心，听他们说说感受，问问家里情况。每天只要在公司，我总要到现场走几遍，跟员工们拍拍肩，开一两句玩笑，对他们的工作做些小指点。每月我会掏钱买来咖啡糖果糕点，请大家在一起坐一坐，找一些特定的话题聊聊天。

天气炎热的日子，公司给维修一线岗位的员工供应雪糕冰棍，凡是工作场所有空调的，不享受此待遇，包括我在内。冬天天气发生剧烈变化时，有的年轻人生活经验不足，不太会照顾自己，我总要求主管们去提醒员工增衣防寒。有时我还吓唬那些穿得少的员工，说如果他们冻生病了，就要给予处罚。

在月末开展什么活动的时候，我会提议找些题目，让维修服务部的员工聚餐。尽管我自己不大能喝酒，但大家都知道我有个习惯，总是鼓励员工敞开喝酒，但我又要求各人必须自己控制好，吓唬他们说，谁喝醉了扣谁的奖金。

敢喝，喝了酒还能把握好分寸，好似人生一样，你既要开开心心地参与，又要能在诱惑和困难中把握好自己。

挺难的，但挺有意思。

仔细想想，比起当年的我们，现在的年轻人更加不容易。他们的工作不“包分配”，尽管“包分配”有特别多的弊端，身在其中也让人有太多的不满，但现在孩子们所承受的激烈竞争压力，我们那时候是没有的。

我们那时进城就算城里人了，如今在城里，特别是在北京打工，除了凭本事能够找到一份工作挣一些钱，北京人的什么好处都不容易得到。房子太贵还只限北京人购买，车子不贵却要限购，至于北京户籍，对这些打工孩子来说，再过十年也不大有可能获得。

所以，在给予员工关爱上，我既希望增加公司对他们的吸引力，从而获得团队凝聚力，同时，也因为我本来出身农村，泥腿孩子过来的，所以发自内心地心疼他们。

也有人劝我，你搞这一套文化人的软东西没用。现在的年轻人特别实际，你对他们再好，明天他遇到什么想不通的小事，或者别人给他一点蝇头小利，或者可以在管理上钻一些空子，照样会背叛公司。再说了，对他关心多，给他利益多，他高兴和感激不超出三天，就会认为那是自己应得的。有时你刻意为他考虑，对他的业绩不佳、偷奸耍滑、私下猫腻给予宽容，他可能还认为你这老板好说话，或者干脆认为你傻，还可以得寸进尺，向你再伸手提要求。

对于这些说法，我表示理解，他们所讲的问题在公司也曾经发生过。但我非常笃信日本稻盛和夫的理念，就是企业经营者一定要秉持“纯正的动机”。

所以我反过来想，给予员工关爱，是出于提升公司吸引力与凝聚力的考虑，但给予本身，不也体现了我内心喜爱他们、支持他们的纯正想法吗？何况，这些也是公司能够承受的支出，爱护他们的同时，我自己内心不也获得了喜悦吗？

年轻人在成长过程中，经常看不清眼前的事情，可他在经历过各种人与事之后，将来有一天回想起在我们公司的日子，觉得还值得回味一下，那不也是有价值的吗？

更何况，在我到维修服务部之前，公司对这里员工的关爱是不够的。这个问题也不能都归责为经营管理班子不尽职，作为企业的主要投资人，我也负有不可推卸的责任，现在做也只不过是一种弥补罢了。

关爱员工，是回报最大的投入。我的这种认识，在后来的两年中得到了验证。

由于种种原因，我到维修服务部的一年多时间里，还是陆陆续续走了不少员工，可服务效率却不断提高。有一些员工到其他企业转了转，又要求回来，却由于公司效率高岗位少而不能如愿，私底下许多人都很后悔，觉得不离开公司就好了。这种情绪，在以往离职员工中并不多见，离职员工与在职员工相互一交流，促使留下来的员工凝聚力增强了。

正是通过关爱员工，加上我和他们一起干活、交流，很快维修服务这一块业务稳定下来了。这是销售骤降之后公司唯一可以见到利润的地方，这里一稳，整个公司就有了稳定的经济实力。

这时，我再来解决其他几块业务问题时，就可以不用太在乎经济效益，只要稳定大局就行了。

对员工进行价值观教育

在提升维修服务水平的措施中，关爱员工是首要的环节，接下来是通过规范化、流程化、科学化管理，来提升整个服务队伍素质，这方面要费的劲就大了。

之所以费劲，核心在于员工没有这方面的基础性素质，特别是中层骨干不具备这方面素质。一年多的时间里，我难以找到真正认同我的理念、同时还能坚决执行到底的助手。许多情况下，无意之中我与管理支撑层变成了对手。

在这个痛苦过程中，我意识到，实际上是管理骨干们头脑中的理念在干扰他们。前面讲到，人只有发心去做一件事才会全力以赴，如果管理骨干的发心都和规范化、流程化和科学化相背离，那么我的“三化”

要求和意见，必然如流水入沙漠，很快会消于无形。所以要让队伍的发心能与我的理念相一致，只有先从向他们进行价值观教育开始。

有段时间，国内干什么工作都强调要转变思路，曾经喊口号“不换思路就换人”。就此种说法，我曾经请教过在外国大企业工作过的资深企业管理人士。

据他们介绍，对于员工队伍管理，外企很少像我们这样动不动就搞政治教育，从来不会通过喊各种口号、贴各种标语来改变人的理念。原因在于，一方面他们招聘来的员工职业理念已经非常固化，管理要求该怎样就怎样，不大像我们只要有一点机会就偷奸耍滑；另一方面他们非常注重管理工具的完备。企业所有要求员工具备的理念，都已经渗透在各种管理办法与流程之中，员工适应了管理工具，自然也就具备了工作要求的理念，也就顺应了企业的要求。

可是对于像我们这样的私企来说，外企的做法很难拿来就用。一是很难招到外企那样多职业素养高的人，二是我们的管理制度和工作流程设置水准也不高，特别是执行层面对优秀的职业素养和工作管理缺少认知。

在这样的基础条件下，我所能做的，还只能是通过抓骨干、抓每件工作怎样做合理、抓不断给制度打补丁、抓每个人工作不到位就反复去盯，可以说不费九牛二虎之力，是很难见到多少成效的。

关于维修服务的价值观，我的主张其实也是很平常的，就是让客户在接受服务的过程中获得好的体验，也即学者们所讲的“客户体验”。从前文的描述中可知，要想收获好的客户体验，我们这支服务队伍的服务意识还差得远。

到服务第一线没多久，我就听到管理骨干讲，企业的目的就是多搞钱。开始我没太在意，后来渐渐发现，正是在这样的理念支配下，他们有时会鼓励将客户可换可不换的部件换掉，个别时候甚至将可用的回收件给客户装上，然后按新件来收费。

一心向钱看，这样下去，企业可能会走歪了。

通常大家都不会想到做企业还用得上大道理，当真的有损害客户利益的现象摆到眼前的时候，作为私企的研究者，我不得不追问自己：我的企业到底是干什么的？

经过认真思考，我决心要将企业只是“搞钱”的价值观，从员工特别是管理骨干的思想中除掉。

于是，我对主管们说，企业是要挣钱，是要以效益来核算自己的业绩，但它只是与客户交易的一方面，更重要的一方面是，和客户进行的交易要公平。我们只有向客户提供了客户真正需要和认可的服务价值，换取客户为我们提供的服务价值公平付费，我们才是取之有道的爱财君子。

如果只是将“搞钱”作为目的，只盯着客户兜里的钱，那就会不择手段，而不是惦记着怎样将客户的车修好，怎样为客户提供更多更好的价值。坑蒙拐骗，投机取巧，是很容易被客户看出来的，长久下去不仅客户不会认可我们，就是自己的员工都会给带坏了，反过来这些员工又会变成企业的坏疽。

所以，我要求大家跟客户讨论故障维修方案时，对于能继续使用的部件，要让客户来决定是否再用一段时间，对回收件要向客户讲清楚，我们低折扣供应，他若使用可以节省一些费用。从替客户省钱这样的小事开始，员工逐渐就能站在客户的立场去思考，客户和我们员工接触时，经常能体会到员工对他的善意。

用善意去对待他人，许多事就变得容易。

渐渐地，我对员工的善意被员工们转为对客户的厚道。两年中，我们多次降价和让利给客户，但老店这一块的维修服务产值却并没有大幅下滑，在近千客户被我们别处店面分去的情况下，这里的年营业额依然保持在千万元以上。

这意味着，危机之始，我扎住公司维修服务这一下盘的想法实现了。

03 兼济人，踏雪无痕

限购政策对我们最大的威胁，是那家仍在亏损中的新店。建店时间短，客户认知度低，前两年销量差，用户保有量低，维修服务业务量不大，如果销量进一步萎缩、亏损持续的话，后果不堪设想。

如何找到新店的出路，着实让我犯难。

关闭还是继续坚持？我召集管理层开会讨论后，大家也没有一个定见。关了吧，公司已经投入的几百万就亏了；不关吧，又看不到出路。每个人都在“关闭”与“坚持”两者之间摇摆，今天说关的人，过两天又说还是应该坚持，先是说坚持的，转过来又觉得太费劲，还不如关了算了。

看着他们纠结的样子，我都被气乐了：到底有没有主见啊？

这让我想起《三国演义》里鸡肋的故事，新店也成了我们“食之无味，弃之可惜”的东西，只不过这个“鸡肋” 价值几百万元，的确不是一个小鸡肋。

死马当作活马医

按惯例，关不关新店最后还是得由我来拿大主意。经过一段时间的讨论，我的想法倒是坚定下来，那就是要把新店坚持办下去。

理由有四：

一是限购政策到底会对新店造成怎样的冲击，还没有实际显现，谁也不知道。即便是继续亏损，一年下来也就是百万元上下，每月还不到十万，拿老店售后业务的利润也还是够抵的，真到扛不住的时候，再撤也来得及。

二是眼前撤店，会给我们经销的汽车品牌造成负面影响。这个店虽是我们公司投资的，但在市场上属于汽车厂家的名下。以我在新闻界的工作经验，限购政策刚出台不久，新闻界正在等着报道限购导致汽车店关闭的典型呢，如果我们率先撤店，媒体一报道，等于给汽车厂家脸上抹了黑。

三是新店亏损在减少中，特别是新店的维修服务业务已经差不多不亏损了，只是对销售业务大家心里没底，那不妨试一试再说。

最重要的第四点是，大家都知道新店的经营队伍跟不上要求，士气不够高，缺少一种真正的创业精神，使得很多该做的事做不到位。我想，只要创造出一种机制，能够让新店的经营班子“提着一口真气”去干事，就有可能改变新店的命运。

怎样让经营者全力以赴提着真气去干事呢？以我的观点，只有将企业当成是自己的才有这种可能，也就是需要找到像我自己这样的人去干才成。可我已经到老店的维修服务第一线了，那么就只有创造机制让其他人来干。

当然，这种机制要想发挥作用，还只能是让他自己起心动念想要去才成。美国人说过，凡事不能只想到自己的需要，而应该先引起别人的渴望。不久前我替股东拿主意，让她先行撤离反遭埋怨，这个教训我是记取了。

问题是并不是所有人都会渴望，也并不是有渴望的人就敢去接新店。

自然，我还是先找到公司的另一位股东，和她商量是否可以对新店来个“死马当作活马医”，实行“谁来经营，谁享受一切成果”的新政策，只要是在我们能够承受的范围内，将各种补贴和好处全部计算在内，有了利润都归经营者。她同意这一新政策，但表示不愿意独立承担这一任务。

接下来，我只能将目光放在几位经理和主管身上，还有一两位业绩突出的业务员也被列入考虑范围。一个一个找他们谈，征求如何搞好新店的意见。我告诉他们，公司准备下一步公开发招贤榜，谁有能力将新店经营好，就可以获得全面的自主权，用多少人，聘用谁，发多少薪水，怎么管理全都由经营者决定，只要亏损额度在公司能接受的范围内，多出来的效益大部分归经营者所得。在某种程度上，这其实是在挑选一位创业者。

先后找了七八位人选，有两三位我分别请他们吃饭，在饭桌上谈。他们都答应回去考虑。但多数人回话说，不敢出来揭这个榜。理由多种多样，有的说家离得太远；有的说孩子太小，接了太有挑战的任务，怕给家里带来大的压力；还有的说，公司在那儿开汽车店是方向性错误，如果改成饭店，他愿意接手。

店里有一位刚参加工作一年多的姑娘，业务能力提升挺快，客户很喜欢她，她自己也很有信心，觉得可以来试试，可外地的家里人一听说她要参与一个几百万投资的汽车店经营竞标，吓得不仅不让她参与进来，连北京也不让她待，叫回老家去上班了。

等到最后发招贤榜之时，只有一位小伙子表态，他愿意参与到竞标之中。其他几位公司领导问我，只有一个人了，这竞标的招贤榜还发吗？我说发。

按照招贤榜的要求，最后一个环节是由揭榜人组织一个竞聘团队来接受公司领导的考评，并要在会上陈述，接手新店以后准备在各个环节采取的措施。一方面是察看揭榜人的思想准备到底有多少，也看他的团队经营思路是否统一，好在一些关键环节上给予一些提示。

说是由揭榜人完全自主经营，但毕竟是一位从未独当一面的主管，一下子去管一间亏损店，肯定有许多想不到的地方。如果我们不在过程中给予相应的协助，真到搞砸了，最后还得投资人来收场。

在评审会召开之前的最后那几天，我其实已经预料到会发生什么事儿。

根据我这些年对创业者的研究，当一个创业者真正要开始创业的时候，他会备受“临变综合症”的困扰。巨大的压力会迫使他反复叩问自己，我是不是真的行，难道真的就要开始踏上那不可预测的创业之路？

“临变综合症”就像一条弹力十足的橡皮筋，动力不足的创业者就会被拽回自己原来的状态中，那里是他习惯的“舒适区”。眼前这位揭榜者虽说不用自己投资，算不上是真正的创业者，但他要独立负责的工作与创业者无异。

果然，就在评审会召开的前一天，揭榜者把自己准备回到“舒适区”的信息传递过来，是他的一位长辈给我打的电话。

“当然没问题，我很理解他的决定！”这是我准备好的一句真心话。

创业的发心没有了，一切都会没有的。

姜太公钓的是“发心”

按照我与股东一起商定的进程，在没有人来接手的情况下，新店将自动进入关闭程序。我也事先将此选择向汽车厂家的领导做了汇报，他们也理解我们的选择。

考虑到经营的完整性，我们决定经营到三月底，通知房东四月份关店。按合同规定，在店面关闭之后，我们将继续补偿房东两个月的房租。

这时距离我们的那场信心沙龙，已经差不多快过去两个月了。而距离预定的新店关门期限，还有10天时间。

但我其实并没有放弃，还在等待一个人的出现。

这个人是我的亲属。

创业几年来，我家里前后有十来位亲戚在公司工作过。关于企业里亲属的使用和管理，我碰到不少课题也有不少收获，相关内容我在几年前出版的《就这样，挺过创业难关》一书中做了详细描述。

总体来说，使用亲属有利有弊。他们身上既有认真负责和吃苦耐劳的优点，也会不自觉间狐假虎威，自以为比别的员工更有优越感，往往与其他员工之间的关系有些敏感。

对待亲属，我总会比其他员工更要求严格一些。可是大家都是普通人，有时亲属接受不了，觉得受了委屈，有时他们也很难管好自己的脾气，难免和其他人发生冲突。

我的小妹夫就是一位倔脾气的人。平常他在公司管配件仓库，谁都夸他真是认真负责，一丝不苟，不仅供应及时，而且很少出错，每天早出晚归，将库房整理得井井有条。但他有一种优越感。有一回，我看到他用一种居高临下的口吻和别的同事说话，回来后我专门给他写了一封信，提醒他怎样讲话和办事才能体现出对别人的尊重。

类似的教育我没有间断过。亲属刚开始进入公司头几年，我会经常给他们讲注意事项，还在年终专门请他们坐到一起，对各自一年的做人做事进行总结。他们也都有些进步，或者多少也有些忌惮我的严格要求，虽说有时也控制不住自己。

有一次，小妹夫和部门经理发生了冲突，我听说后让他停工反省，直到他很认真地承认错误，并保证改正。后来，新来的总经理干劲很大，要提高公司的管理水平，认为小妹夫在库房的工作水平不高，问题很大，让我重新给他安排工作。作为主要股东，我当然要支持总经理的提议，我与小妹、妹夫商量，他们的意见是，干脆就让小妹夫自己出去创业吧。可是出去干了几个月，小妹夫没有闯出个头绪，又收了摊子回家待着。

刚开始动员骨干们来揭招贤榜的时候，我也问了小妹两口子，如果谁都不敢接，他们敢不敢接下来？他们答应考虑，后来我也就没再问他们。

但我等的不是小妹夫，而是小妹。

我清楚，小妹夫是干具体活儿的人，不是能够领兵打仗的将才。小妹进入公司七八年，从普通的出纳员一步步成长，已经是公司的副总经理，在限购政策出台、总经理提出辞职之后，她已担负起执行总经理的职务，负责公司的日常管理。

我在研究创业的过程中，特别关注过创业精神。

我发现，大多数成功的创业者身上都拥有三样东西：一是他们对创业的向往已经变成一种不可遏制的强烈梦想；二是他们在遇到巨大困难的时候，或者是因为梦想的牵引，或者是环境的逼迫，或者是性格的推动，使得他们会硬着头皮去扛过困难时期；三是他们特别善于学习，总是不断琢磨解决问题。

从创业精神方面找规律，我心里清楚新店要想起死回生，必须具备两个条件：

第一个条件是，新的经营者要把身家性命完全和新店捆绑在一起。也就是说这个经营者必须是这个店的老板，一旦新店倒闭，就没有出路。只有这样，他才会把全部心神都专注在企业的经营之中。也只有这样，经营者才会不放过自己的一点点失误，不放弃可能的一点点成功。每一个失误都会被关注到，并及时改正，只要有一点成功的可能，都不会轻易放弃，那么就算企业起点再低，也会不断地成长。古人说：惰如磨刀之石，不见其损，日有所亏；学如春起之苗，不见其增，日有所长。经营者漫不经心，企业就如同磨刀之石，不知不觉走向衰落；经营者如能把握住每天的一丝一毫，企业就如同春起之苗，日久必然会有成效。

第二个必备的条件是，经营者还得有一定的企业经营与管理素质。从这个条件来看，显然小妹接手，小妹夫作为助手，两个人相帮着干，才是最佳组合。

但这事不能由我提出来，否则他们会当成是在帮我完成任务，当经营上遇到抵不住的巨大压力时，就会有逃跑的理由。

还是那句话，需要他们“发心”去干才行。过去总是不理解姜太公

“钓鱼”的故事，说他用一个直直的钓钩去钓鱼，怎么可能成功呢？难道他在钓鱼的“发心”么？

关闭新店的计划依然在往前推进。我已经安排好人去和房东谈终止租房合同的事，员工的遣散分配方案已经准备好，设备如何拆除搬运的方案均已落实。打直了钓钩，撤去了香饵。

原先我让人来接新店，用的是实钩，在投钓钩的地方撒下很多香饵，在钩上挂最诱人的诱食，这回反其道而行，学一回姜太公。

终于，小妹来找我了。她说这样关闭实在是太可惜，可否转让给小妹夫去经营。“发心”来咬钩了。

我的回答早就准备好了，当即向她表达了三层意思：

第一，当然可以；

第二，他们要和另一位股东去谈方案；

第三，小妹夫一个人去不成，要去两口子一起去。

没想到第三个要求让小妹对我产生很大的误解，认为我是从老店将她赶走。于是她带着委屈、发恨的心情，和小妹夫接手了新店。

新店起死回生

投资主体更换之后，小妹两口子成了新店主人。

按照公司法规定，只要公司没有撤销，新主人应该承担公司原先对内对外的各项义务。但我们两位股东商定，以关闭新店作为算账的基准线，只要不比关闭耗费更多的资金，我们这一方就认为保了本。

据此，我们对于几笔大账定出了一些处理原则。如果是原先准备付出去的成本，比如对客户已经承诺但未兑现的奖励，那就按新店撤销了处理，还是由我们原投资者承担；属于我们停业需要付出的费用，比如关店须赔偿房东的费用，共有4个月的房租费，也由我们交给小妹他们。

如果是靠店面持续经营才能获得的钱，属于原来应拿但还没到手的，比如汽车厂家给予的建店补贴，我们就拿出一半来分给他们，属于他们接手后经营才能获得的厂家奖励则全部拨给他们。

公司对原厂房和店面装修改造所投入的100多万元费用，关闭之后不可能搬走的，我们没要一分钱。能够搬走的设备、电脑和办公桌椅等，只让他们出了旧货市场的破烂价。

算下来，他们只付给我们20多万元的象征性设备款项，就获得了一个注册资金500万元的汽车4S店，还另外得到70余万元的各项补贴。此外，库房几十万元配件让他们挑选，不用的退回，急需的留下，货款先记在账上，以后再慢慢还。他们还能用我们下属公司的名义，继续从汽车厂家进车销售和使用维修服务站管理通道。没钱进车，我们又借给200万元流动资金。

当时，转让双方签了一个20多万元的资产转让协议，一年后我们会计事务所的审计师们对此提出异议，认为如果你真关闭了这家店，可以认为整个公司损失大到所剩无几，但要转让店面，就得从经营情况来看，转让的价值应该在200万元较为合适。

但我们作为原投资方，还是认为自己占了便宜，甚至庆幸多亏采用了完全是帮助买方的方式进行的算账交割。

首先，只有这样，才能保证他们接手后将新店切实运行下去。我们不用顶着汽车厂家店面在北京率先倒闭的名声，也避免了汽车厂家的尴尬。

其次，也让小妹两口子有机会证明自己的实力，让人看到他们有能力让一家谁都不敢接手的店面起死回生，同时也证明，我向大家推荐的这个创业机会是真正可以大显身手的，不是忽悠人的。一旦他们获得成功，就会成为我鼓励年轻人创业的一个经典案例。

再者，我们也不能像审计师要求的那样，按照新店运营良好的情况来算账，当时新店的情况是，在我们手中继续开下去会亏损，关闭了可以止损，而别人接手运营下去，我们不仅可以止损，还可以因店面运营而拿到汽车厂家后续下发的建店补贴的一半。

还有一点，让新店继续留在我们公司的体系内，会增加公司销车总量，并从汽车厂家获得较高的单台奖励，仅这一项给公司带来的效益已很可观。

更何况，我们还能由此获得很多无法估量的商业和社会价值。诸如扶植了小妹小妹夫两位创业者，他们又带出了一支经得起摔打的有战斗力的队伍，增加了汽车厂家和我们公司体系在北京市场的实力。

亏损店有人接手，对公司来说无异于壮士断腕，刮骨疗伤。而让新店继续留在公司体系之中，等于截肢之后又安装了一个不错的假肢。

最重要的是，留下了一个真心帮人也能成就自己的成功商业案例。

不过，我的这番苦心，当时小妹他们并没有体会到，也无法理解我和公司是在真心帮助他们，甚至对我还怀着深深的误解。

为了让他们自己“发心”接手新店，我也没有对他们接手亏损店作出肯定和表扬，甚至还督促小妹从公司执行总经理的位置上退下来，和老公一起去打拼。由此他们对我产生误解，认为我对他们的贡献不认可，对他们不信任，可能是有意把他们赶出来的。

于是他们暗自发狠心，两口子表示，如果不能将接手的新店经营好，就把在北京买下的房子垫进去，再做不好就回安徽老家。

可以想象，在这样的市场危机下，他们遇到的是何等大的压力。刚开始的大半年，原来的员工大批辞职，销售低迷，维修服务业务不稳定，当然还有持续的亏损，两口子都凭着毅力在那里硬挺着。

他们对我误解再大，我也坚持不解释，不妥协，大半年时间都没有去他们店里看一次。

在压力最大的时候，小妹实在苦恼得不行，也曾给我写过一封长信，历数我对他们两口子的各种不是，我知道全是误解，但也坚持不做解释，只是说以后她会明白我是真心为他们好。但当时他们根本感受不到我的良苦用心，反而感到痛苦和无助。

其实也多亏了他们有误解，反而增加了动力，觉得自己处在一个无处可逃的环境中，一切都得硬着头皮往前顶。

到了2011年底，新店的整个经营局面都好转了，小妹也慢慢变开朗起来。这时我去看他们，也是他们接手新店后头一回登门，顺便问他们一年下来到底经营效果如何，小妹回答不仅扭亏为盈，而且好过他们预期。我点点头，没再说什么，因为这时候也没有解释的必要了。

直到2012年底，他们接手的新店已经步入正轨发展，我才专门约小妹来家里谈话，将当初她对我的误解，我怎样期待他们接手新店，以及怎样在后面默默帮助他们，简单地给她点了点。

我总感觉，送人玫瑰，不要总挂在嘴边。如果不是为了小妹今后在商场上更明智更豁达，我也不会去讲这些。

在事后和误解者沟通，可能比事中交流效果好。如果能做得让误解者自省，往往效果会更大。

04 用将才，顺局察德

决定继续往前干的时候，我能确定下来的思路有两个：一是不再考虑投资其他项目；二是将主要注意力放在如何找人上，由敢于担当的人来担起各个业务板块的重任，从而应对市场危机。

当时公司的三大业务板块中，维修服务由我亲下一线来直接管理，亏损店的救助方案通过股权切割来实现，而受危机影响最大的销售业务由谁承担呢？

我考虑，从外面聘请显然不合时宜，不要说不大可能有人敢来，就是外部有人敢于接盘，我也不敢将企业放手交出去。危机当前，让生手担纲，多半会搞得更乱。

这么一分析下来，在内部骨干中寻找敢于承担重任的新领军者，也就成了必然的选择。那么怎样才能让内部的将才站出来呢？

关键时刻外董支高招

“北京的限购政策出来以后，既然原先的牌号成了宝贝，我们公司首先要把握住那些拥有低档次小面包车的车主换购，力争让他们来买我们所经销的更高档次的商务车，对此有两条路径……”

站出来说话的是公司的一位董事，虽然“我们公司”很顺畅地从他口中说出来，其实他是中国科学院研究生院管理学院的一位副院长，在公司是“外部董事”的身份。一年当中，他来参加四次董事会，每季度一次。

本来这次董事会应该在春节前召开，因为我自己还没有一个明确方向，提出来“安心过个春节”，把会议推到了春节后。前文提到的那次员工沙龙，是在这次董事会的前几天举办的，算是事先为董事会的召开预先摸一摸底。

这位副院长是管理方面的大专家，也是互联网研究方面的权威人士，还是中央电视台炙手可热的《对话》栏目的策划人，特别忙。五年前我去请他来我们公司做“外部董事”，还担心他没空，没想到他一口应承下来。

像院长这样的“外董”，公司还有四位，个个都是业界精英。有一位企业经营方面的董事，曾经是联想集团柳传志颇为欣赏的干将，现在是一家知名体育品牌公司董事长的得力助手，每逢重要赛事，他都会代表老板在电视上露面。财务方面的“外董”，曾经是20年前中国首批考取加拿大注册会计师的少数几个人中的一位。汽车营销方面的“外董”，来自于年销售额过百亿的大型汽车销售集团，他是那里的一位中层领导。还有一位律师事务所的合伙人是公司法律方面的“外董”。

他们做我这家公司的“外董”，可不像大公司那样有丰厚报酬，他们中多数人是分文不收，少数人也就象征性收了一些所谓“董事费”，相当于几顿饭钱。而我之所以能请到这些精英，多半是因为他们有兴趣观察这家小企业的运营。

我聘请“外董”也不是为了找靠山，而是真的指望他们能为企业把好脉，他们也觉得很有意思。说白了，他们是把这当成做公益，出点力帮助小企业。

还有一个原因，是我能和他们说上话，他们是冲着友情来的。

创业以前，我先后在两家报社工作了十五六年，后来又在专门研究民营和私营经济的研究会工作，创办了《民营经济内参》，然后带着研究私企的任务下海创业。在职场上，我一直在两个不同的圈子进进出出，每个圈子也都赋予我不同的身份。

在企业内部和生意场上，我通常会被人们尊称为“许总”，而到了媒体界，在我的同学与熟识的朋友们中间，我又会被人亲热地直呼“琼林”。在两种称呼之间来回穿越，常常给我带来意想不到的好处。

我常跟大家开玩笑，说这种身份分割最可以用来找借口。生意做得不好，我可以耍赖说自己只是个文化人；文章写不好，又可以找理由说自己是做生意的。

有时，这“许总”也可以请“琼林”帮忙。这些被拽到“许总”公司当外董的几位，多数是在“许总”出现之前，就跟“琼林”很说得来的朋友，是“琼林”用面子和友情换来的。

“琼林”在新闻界混过十五六年，又从事过私营经济的研究，算是见过一些世面，跟各行各界人士都打过一些交道。“琼林”混过的场合，经过大家“隐恶扬善”之后，多数人评价认为该人士还算正直，也比较乐于助人，经常有一些创新，似乎也追求将事情说到做到，还常做出襟怀坦荡的样子，大致属于内心清高外表热情的一类人，对钱看得不太重，年轻时有过一些嫉恶如仇的情绪，年龄渐长之后宽容度日渐增加。

所以，在亲戚、朋友、同事圈子中，“琼林”属于人缘混得不错的家伙。朋友中有大企业的老总，也有中国最顶尖的战略专家，从单位里的伙夫司机，到官场上的司长部长，他都能轻松自然地相处。加之有时还能写一两篇过得去的文章，研究一些课题时偶尔也会冒出一些思想火花，曾有三四位领导问过他，是否愿到政府机关去工作，虽说当时“琼林”觉得受不了机关的约束而没去，后来在很小范围内却为此吹过牛。

官场职务没有“琼林”的份儿，社会闲散职务倒是有几个，人在全国工商联下属的一家私营经济研究会做些工作，并且从这里被推荐到全国工商联担任过5年的执委。

在“琼林”的圈子里，“许总”是前些年才传出来的称呼，并且他一直躲在“琼林”的身影下。刚听说有这么个“许总”的时候，朋友、同学和同事都不太能将他和“琼林”联系起来，因为他们多数人的眼中，“琼林”的职业生涯似乎是一列直行的火车，新闻业务和课题研究就是其上的两条铁轨，如果出了这两条轨，就可能无法向前行进。

“许总”登陆生意场头两三年，在经营与管理上跌跌撞撞，吃了不少苦头，但“琼林”给了他好人缘，可以帮他借来钱，也可以带给他一个完全不成比例的全国工商联执委的桂冠——通常这个身份标签是那些资产规模比“许总”公司大上千倍的私企老板们才能得到的。而生意场上的经验，却是许总必须从头慢慢修炼的功夫。

不管怎么说，“琼林”让“许总”获得了不少好处，这与他的小规模企业以及入道太浅很不相称。比如说，“许总”可以不用像有些企业那样花钱在报纸和广播上做软广告，却经常有媒体报道“许总”谈业界趋势什么的，因为媒体的老朋友对“琼林”有印象。“许总”还是上游厂家老总们的座上宾，很有面子，进这些老总办公室可以推门就进，面对面汇报生意想法。上游厂家老总们也在不违背原则的情况下，尽可能给“许总”一些商业政策上的支持，因为上游厂家的领导记得“琼林”曾帮过他们的忙。另外，碰到一些集团客户采购的大单子，“许总”出面往往更容易与客户交流，最后成交的可能性也大一些。所以，“许总”冲在业务第一线的那几年，北京市场上有同行在面对“许总”的公司时，会联想到葡萄的味道。

在企业经营与管理上，“琼林”也让“许总”的小公司与那些同等规模的企业拉开了距离。因为“琼林”研究私营经济，深知如何避开许多私企的毛病，使得“许总”的企业跟那些带有极端自利性的小企业有了不一样的基因。许多企业盲目扩张，“许总”的企业在扩大投资方面就很谨慎。很多小企业主经常大话卷着唾沫往外喷，但“许总”向来低调行事，虽说挂着全国工商联执委的桂冠，也刻意不在自己的圈子里张扬。

小企业管理不规范，老板就是员工的爷。“许总”却提出小企业要像大企业一样管理，要规范化，要与大伙儿有商有量。外面人来看后感到诧异，普通员工提的意见都能算上一角儿，这不是将私企办成国企了吗?

还有很重要的一点，“许总”办企业是为了让“琼林”研究和体验创业实验田，如同农业大学的教授要种一块试验田。可想而知，“许总”更注重在试验田试验各种经营管理的方法，更关注人的成长，更强调文化的作用。对于这种“研究式办企业”，很长时间员工们都不太习惯，觉得

“许总”有些不务正业，没将“种田的收成”当成办企业的第一要务。

所以，对那些境界不高的人，“许总”是尽量引导，“宁可人负我，不可我负人”。对于离去者也是讲究“去臣无怨辞，交绝无恶声”，不愿对其公事公办。结果在员工眼中，“许总”管理偏软，“许总”常常吃亏，犯了小学课本中那个农夫的错，等等。

“许总”对“琼林”也有负面干扰。本来“琼林”在新闻界还有些发展前途，当年他没有进机关，也曾因为要创业当“许总”，而错过一些好的媒体工作机会，对于始终怀有媒体情结的“琼林”来说，不是一点失落感都没有。

按“琼林”原先的经历来看，在传媒信息文化领域里创业经商，当然会更自在，更有利于成功，却偏是投身到没有一点职业积累的汽车销售和服务领域，自然要费许多心力。

“琼林”与“许总”就是这样相互助推，相互干扰，走了十余年，如今走到了汽车限购的艰难关口。

外董们一致认为，在那些新摇到号的购车者眼中，我们经销的民族自主品牌汽车可能是第二位的选择，而对于那些已经买过低档车的人群来说，再换新车，有较大可能考虑我们经销的产品。以北京市场巨大的汽车保有量测算，每年的汽车换购量至少不会低于新增车辆，只要好好盯住这块市场，我们的销售就会有新的转机。

如何才能赢得那些换购者的认可呢？

外董们进一步分析，按北京汽车新政，不允许车牌号转让，想更换新车的人要将自己原先的车在北京当地卖出去就不太容易，如果我们在北京以外的周边市场联络好二手车经销商，或者我们到那里去设立二手车经销窗口，就打通了北京人换购的流通渠道，顺带也为他们购买新车提供了便利。

涿州建店

根据外董们的建议，考察北京周边二手车市场的几支队伍很快就出发前往天津、沈阳、石家庄、承德、张家口等地。几天下来，大家回来一汇总，归纳出“一喜一忧”。喜的是，我们与当地的二手车经销商们初步建立了联系，也看到北京周边的汽车市场还没有太多的限制政策，市场热度较高；忧的是，北京有不少汽车店行动很快，已经到那里转过一轮了。当地的同行们看到这阵势，觉得北京再有二手车销过去，价位必然一路走低。

从大家带回的信息中，我找到了值得高兴的理由。春节以后，员工们在一片忧愁中，我总是给他们带去积极的信息。这次同样也是如此，我对大家说，与当地二手车商建立了联系，这是一个很大的成就，有了这个条件，我们马上就可以打出为客户换购新车的大旗，这当然可喜。至于已经有商家去过周边市场，说明别人也很看好这一块，这更证明了我们判断的正确性。二手车行情走低，根本不需要我们操心，随行就市是所有市场参与者都认可与接受的铁律，只要我们比别人做得更好一点，并让客户感受到，我们就能赢！

周边二手车市场传回的信息，以及我引导大家做出的积极结论，在前后不到一周的时间里，为扭转整个公司的销售局面打下了埋伏，并且这是在人心里打下的。

几天后，我们加盟的汽车品牌厂家销售负责人来北京开会，主题当然是讨论北京新政出台以后厂家和经销商如何应对的问题。

从十几年前中国乘用车市场销量爆发以来，北京这座城市一直是各大厂家必争之地。最初几年，北京每年的汽车销售量接近全国总销量的十分之一，后来比重虽有所下滑，但销售的绝对数在各汽车厂家榜单上仍然居于前列。

为了尽快扩大销量，厂家在北京不断增加新的经销商和店面。限购之后，厂家固然需要重视自身的销量下滑，同时对于麾下经销商是否能继续生存，也是一个负责任的厂家必然考虑的。

会议结束后，分管北京片区的经理征求我的意见，是否愿意开车陪同那位销售负责人一起到河北市场转几天。我知道，厂家让我陪同是假，创造一个非正式的场合让经销商就近观察市场是真。同时途中有什么临时想到的措施，大家也可以一起深入讨论，看看是否可行。

这原本是为经销商着想的好事，我当然爽快答应。考虑到前几天我们公司销售总监刚刚率队考察过河北市场，熟悉那边的情况，我就让他来当驾驶员，一路上好给厂家领导介绍情况。

三天考察下来，厂家领导得出的市场结论和我们前些天了解的差不多。只是他们向我们传递的信心，比我给员工们传递的还要大。我知道这也是他们对我们的鼓励，如同我对下属们一样。

厂家领导在鼓励之余，还提出一个具体硬要求，让我们拿出一笔资金再建一家汽车销售店，店址设在河北涿州，一个临近北京边界的县级市。厂家的理由是，这样既可以让我们与河北市场接上地气，比如说北京有些等不及摇号的人购车可以在这里来上牌，也可以让厂家在这个小市场拥有直营专卖店。

此时，我的新店亏损，还在四处想办法解决中，又要开设一家新店，并且还设在一个月销量不会超过十台车的小市场，两年之内肯定还是亏损。这个建议着实让我有些为难。一想到本店的销售员还在陆续逃离，要找人来接手地处北京境内的亏损店都找不到人，怎能找到能人来打理这间河北小店呢？

几方面因素考虑下来，我觉得厂家的想法不是什么好主意，所以只是嘴上支吾着，说回去筹划筹划。

送走厂家领导，我询问销售总监的看法。出乎意料地，他给了我积极的回答。我问谁能去负责这家店面，他表示自己可以去。

我有些诧异。在挑选北京亏损新店负责人时，也问过他的意见，当时他以上班路远为由推辞，现在到京外地区去怎么还毛遂自荐呢？我不敢肯定他是不是出于一时冲动，就让他回去仔细考虑过再来谈。

很快，我得到销售总监仔细考虑后的答复。这回他更坚定了，还主动提出自筹一些资金来参与这次投资，并且还说如果公司资金不够，他还有朋友也愿意投进来。

我明白了，是前不久对周边二手车市场的考察，让他看到了河北车市不错的前景，而且从他的表述中，我分明看到了一股创业者的激情在血液里贲张，不再是那种经理人对老板的应付差事，这让我顿时来了情绪。

在八九年的创业过程中我体会到，有太多的人对创业成功者羡慕嫉妒恨，希望自己也能成为一个创业成功者。可是，我在自己耕种的创业试验田里环顾四野，外加夜观天象，看到了两大难题。

一是如今创业成功的门槛越来越高，已经上升到单枪匹马的草根者很难越过的高度；二是小有成就的企业老板想获得更大成功，其最大的障碍是无法赢得优秀人才的鼎力协助，即便自己企业中成长起来一些人才，也很难让这些人全心全意投入企业中一拼到底。

要解决这两大难题，我的办法是，首先让优秀人才成为企业股东，用利益分享的方式，把老板与各路人才的优势粘合起来，不断给企业注入创业般的激情，就能够推动小有成就的企业老板走向新的成功。同时，那些人才也就可以直接跨过很难逾越的草根创业门槛，不用自立门户，筚路蓝缕，就可成为一个事业平台上的创业者。

在北京限购之前，我通过带别人投资建企业、转让项目给人等形式，扶持过两三位关系不错的朋友成为独立创业者，但纯粹为了吸引外来人才，或者让公司内部员工更有干劲而吸收他们成为公司股东，还没有先例。这并不是我不愿意在企业内部推行，私下里我还真的数次试探过，但多数员工对于自己投钱做股东还不是很有兴趣。

由此我领悟到，员工要成为公司股东，也有两个前提条件：第一是老板开明，第二还得员工具有真正强烈的创业梦想，对公司老板和前途都很有信心，有长期和老板合作下去的强烈意愿。

所以当销售总监主动提出筹钱来参与公司投资时，也就不难理解为什么我来了情绪。

顺局应对，看才察德

仔细分析了在涿州开办新店的各种情况，包括运用市场分析常讲的SWOT分析法，优势劣势与机遇危机，我都反复进行了斟酌。

不能亏！我给自己定下了这一条底线。市场危机中的企业如同人在寒冬里长征，一个失温的人还在失血，那将必死无疑。所以不能像市场好的时候，可以允许一个店亏损几年，去换取未来的利润。这是涿州建店的前提。

思路形成之后，按惯例我先找公司领导层一个个沟通。

根据之前已经确定的“党支部建在连上”原则，同时也询问核心层的几位是否愿意参与投资。结果，除了销售总监之外，还有两位公司领导愿意参与涿州建店投资。

怎么保证涿州店一上来就不亏损呢？经过公司管理层商量，大家认为按照处理北京亏损店的理念来办——将北京老店的销售业务也移交给涿州新店，这样北京与涿州两个店连体运营，互为倚重，销售、人才、管理、地域都能够两边兼顾，涿州建店当年实现不亏损，应该是有可能的。

拿这个方案去征求销售总监的意见，他给我拍胸脯：不亏损有把握！

销售总监的保证我是相信的，不仅因为这个小伙子是销售第一线的领头人，还因为他一向不会轻易保证什么，凡是他答应的一般都能做到。这一点我喜欢。

小伙子是在公司开业第二年入职的，因为长得和周杰伦有点像，大家开玩笑说他是我们公司的周杰伦。平常在不很熟悉的人面前，他的表情也有些像周杰伦那样一本正经，不苟言笑。

几年以后，他从普通员工、组长、主管、经理，一步步提升到销售总监。我经常借带他出差的机会，和他进行一些非正式的交流。

从交谈中我慢慢了解到，他来公司之前在高级饭店当过服务员，在酒吧当过调酒师，还在秦皇岛和别人一起开过药店，经历了不少和客户打交道的场合。我不解的是，他所从事过的行业似乎都需要一张热情的面孔，可他怎么偏偏在这方面显得缺少呢？

小伙子进公司担任销售主管之后，我注意到他有可造之处，能够严格管理。听总经理说，有一位销售员不能严格按照公司规程办事，新上任不久的销售主管就要求将此人停职。让人佩服的是，被停职的销售员本是销售主管很要好的同学，且是他推荐来公司的。

小伙子当时对自己的好哥们儿说，我们可以继续是好朋友，但公司的要求不能被破坏。后来受处罚的销售员离职了，但听说对销售主管还是很理解。

能够严格执行工作标准，敢于对好朋友祭出纪律处罚，却能得到对方的理解，这是一个优秀领导具备的基本素质。所以，当时我就叮嘱总经理，注意对这小伙子多加培养。

销售总监还是一位很有主见的人，可能所有有主见的人都一样，他对于自己没有想通的事情，或者没有准备好去做的事情，往往会采取一种排斥态度，会找出各种理由去抵挡别人的建议，甚至是领导对他提出的要求。他要么叹气作无可奈何状，要么事后去拖延。

我笑称销售总监脑子里安装了一个“非想即反”的思维定势反射器，不跟他脑子里已有的东西长得一样，任谁也放不进去。

掌握了他的这一特点，我对待他的方式是，一是很多事都由他自己拿主意，在他的主意之上稍作提醒，支持他去独立思考。二是实在很重要的事，会通过多次提醒、引导，给他思考的时间，让他自己转过来。有时甚至时间长了，他忘了是我提出过，而当成自己的想法提出来，我也热情地鼓励他。

“非想即反”的思维定势是比较自我的，大多数第一线的领导者都不大容易接受。所以前些年有的领导时常为他的犟脾气而叹气，有的比较强势的领导容忍不了，准备解他的职，有时甚至鼓动他的下级来代替他。

我也逐渐感觉到了他这“独”的一面，但还是很欣赏他愿意多做事、敢于承担。年轻人有才气可能也就缺点多，求全责备的话，就很难找到能担起责任的人才。所以一路走来，我对他总是多压担子，几年下来他就成了公司自己培养出来的高层领导。

当然，一个负责全面工作的领导必须是德才兼备的。应对危机的两年中，小伙子敢于站出来担当，勇挑重担，敢于负责，有时甚至有争权的倾向，我也尽量满足他的要求。事业是一个长期的过程，一定要在工作中让每个人充分展示自己，才能慢慢观察到他才德的全部。

有人认为我对这个小伙子过于迁就了，这样他可能会认为整个公司离了他就不成了。这种担心也不无道理，但我总觉得事业需要成批的人才来担纲，培养人才就要舍得下成本，敢于担风险。

就这样，我通过观察人的具体做事看其能力，通过观察人的具体用权看他的品德。这就是我考察人才的方法。所谓顺局应对，看才察德。

曙光渐现

涿州店一开起来，总经理顺理成章就由销售总监来担任。

此时是2011年的3月下旬，距离北京限购政策的推出已有三个月。亏损店的处理、老店销售业务的独立，以及在北京周边再建新店，差不多在10天之内几乎同时部署完毕。

临近3月底的那个星期之内，老店的维修服务部门、北京亏损店、老店与涿州联合体三家开始算账，制定相互之间的财务与管理规程，各个独立体内部则开始了人员组合与调整。

大家约定，4月1日为各自相互财务结算的开始之日。

定这个时间的时候，我暗自想了一下，将这个西方的“愚人节”作为公司新运营模式的开始，会不会将来搞败了，被旁人笑我当了愚人。随即我自己鼓励了一下自己，即将推出的新运营模式，基本上是顺天应人一路下来的，谋事在人，成事在天，顺天不是顺日子，坚定干下去吧。

所以，我们就在这一天，开始了应对市场危机的全面行动。

建新店，从找地、谈判、设计、装潢、组织运营队伍等一系列过程，以往这些事全都得由我一手操持。这回涿州建店，我头一回彻底当了甩手掌柜，所有事情都是年轻的总经理去操心。我只是最后把握资金的使用规模和大致格局。

到了8月份的时候，涿州新店举行了开业仪式。

到年底时，新店就有了每月10台以上的销售量，单独核算下来，虽然这里还在亏损，但亏损却在逐月减少。

有意思的是，我们作为北京的企业前去涿州建店，比当地的汽车店显得正规许多，吸引了不少从北京上海一线城市回到当地的年轻人加盟，相当于我们在北京的店流失了一部分的优秀员工，又在涿州这座小城市找补了回来。

北京的限购政策虽然对老店造成巨大冲击，持续了三四个月时间，一直到7月过后才有起色，公司全年销量只有上一年的六成左右，但老店与涿州新店统一核算下来，还是挣了一些钱。

到了2011年12月中旬，涿州总经理带来消息说，北京东五环的一家与我们经销同一品牌的汽车经销店，没能挺过市场寒冬，希望我们能收购他们。

按照通常的惯例，我知道总经理的想法是什么，但我还是问他的打算。他老实说，想接手这家公司，他有把握能够取得更好的业绩。

我问他怎么收购？他希望还是由我来出资，我接着他的话茬儿，把他想说但没说出来的想法说了出来："收购后再委托给你们涿州公司来经营？"他点头称是。

于是，我们大致议定了一个收购的价位区间，就派总经理去谈了，最后议定的收购价比我们预期的要高一些。但我理解，一位创业者在经营失败的情况下出售企业，心里是很失落的，出于同情，我就同意在价位上放松一些。

2012年3月份，我们接手了这家店面，加上北京老店和原来的北京新店，我们形成了在西、北、东的销售和服务网络体系，对北京主城区形成了"半月型"覆盖。

北京施行限购政策的第二年，随着金融危机的加剧，民族自主品牌汽车的市场危机进一步凸显，自主品牌轿车经销商面临空前的信心危机。到了2012年夏天，有的轿车经销商终于熬不住开始撤离，这时我们"半月型"店面网络成了中流砥柱，一举扛下来我们经销的这一自主品牌轿车在京城的绝大部分销量。

不久，当年春天才纳入我们"半月型"体系的东五环店，也一改前一年门可罗雀的惨淡局面，变得车水马龙起来。

中篇

企之基

05 根基！根基！

作为一家小企业，为什么能在市场危机中很好地存活下来？

这不仅在于，在危机到来时，我们克服犹豫选择了坚持，主要投资人敢于承担责任、积极筹谋应对，到业务第一线就近直接管理业务，敢于实施“党支部建在连上”的分版块独立运营管理，大胆使用业务骨干成为合伙投资人，等等。

还有一个重要因素就是根基。如果没有公司过去10年来打下的根基，所有的应对招式都只能是空谈而已。如同头脑里刮过一场风暴，思想过后，了无痕迹。

根基——如果没有这10年的根基，何来稳固的维修服务收入，何来敢于担当的业务骨干，何来建设新店和购买别家倒闭店的资金，何谈给予接手亏损店的人以各种补贴和支持？

根基的作用，对于创业的人来说，是需要细细体认的深刻功课。

始信路上叩问根基

合肥经济技术开发区坐落在该市西南部，10余年来我们公司所经销的瑞风商务车，就是由坐落在这个开发区的江淮汽车公司生产的。

现代化的江淮汽车公司拥有许多生产基地，包括轻型卡车和重型卡车生产基地、大客车生产基地、发动机基地、零配件基地、商务车基地、大型商品车库与物流基地，每一处都有数百亩上千亩的占地规模。

从20世纪90年代初开始，江淮汽车开始在中国汽车市场崭露头角。当时他们生产的客车专用底盘，上市后颇受用户欢迎，迅速占据全国市场头把交椅。由此为发端，江淮汽车相继推出轻型卡车、瑞风商务车等，市场占有率很快在全国同类产品市场中名列前茅。

在十五六年的时间里，江淮汽车的年递增速度都达到了40%以上。因企兴市，江淮公司星罗棋布的汽车基地，使得合肥也将汽车作为该市的产业支柱。

旋风裹挟着一般，江淮汽车公司投产一个产品，就在市场上成功一个。环顾全国，江淮公司不仅是少数几家坚持民族自主品牌、不进行合资的汽车企业，还踌躇满志地计划向轿车生产领域进军。

轿车领域竞争之激烈是人所共知的，江淮此举引起了社会舆论的争议。支持方认为，自主品牌汽车企业要想真显出本事来，就应该在轿车生产上跟国外最先进的厂商较量一番。反对方则认为，术业有专攻，既然他们早先已经在商用车类的卡车、客车领域，以及多功能车类的商务车领域占据领先优势，何不集中精力在此精耕细作，形成更高壁垒，让别人难以望其项背呢？

江淮公司内部是怎样决策的，外人当然不得而知，最终他们还是开始了轿车基地的快速建设。

在轿车厂房已经大致完工、设备开始安装的当口，江淮公司邀请了一位中国顶尖的战略专家去讲课，由我担任陪同。讲课结束之后，专家受邀前往正在建设中的轿车基地。到了目的地一看路标，我不禁一乐。

江淮轿车基地坐落在一条叫做“始信路”的路边。

黄山是安徽人的骄傲。合肥经济开发区的路名，一般都以黄山闻名遐迩的山峰来命名，比如“莲花路”的名字就取自黄山莲花峰，而江淮轿车基地大门所对着的“始信路”，也由黄山始信峰而得名。

说起始信峰的名字由来，有一个有趣的典故。当年徐霞客在游记中写道，通常那些慕黄山之美而来的远客，到了这里爬上始信峰，才开始相信黄山风景真是天下无双。

我开玩笑说，江淮的轿车基地建在始信路边，也许若干年后为这家企业写史的人，可以用这条路来作一总结：当初江淮公司该不该上轿车项目？

答案当然有两种可能：一种是江淮公司做轿车取得了骄人的成绩，人们到那时才“始信”这家公司不信邪顶着压力上轿车，果然是中国汽车工业的一个英雄角色。另一种则相反，江淮公司做轿车之后成负累，最终在各种因素作用下不堪重负。这时人们会说：揽来这么难的瓷器活，你们有那金刚钻吗？这回才“始信”轿车不是你们能玩好的吧！

如今，江淮公司的轿车上市已经有几年了，有四五种产品系列，几十万中国人成为他们的轿车用户。每年各大媒体都给这家企业的轿车产品颁发许多奖项。

至此，对于“轿车是竞争最激烈的汽车产品”的说法，江淮公司的决策者有了更深的体会。他们推出的轿车，有些车型销量不错，也有些车型销量与最初的市场预测有不小的差距。原先有领先优势的老产品，如果能得到更多的资源支持，相信在产品更新换代上会更及时，跟对手竞争起来优势会更加明显。

这里面有一个似乎是哲学性质的命题：如何利用原来形成的根基优势？或者说，将已拥有的根基优势用在什么地方？

把资源集中在原有的优势产品上，继续比别人领先很多，固然是有道理，但是少数的大树粗壮叶茂，并不能形成一片森林。为什么不趁着优势产品尚有许多利润积累，趁势转移一部分资源，去拓展那些有着更大市场的汽车产品呢？这样交替发展，逐步就会形成全系列的汽车产品，从而让企业成为一个全面的汽车企业。

何况现在正是中国汽车市场的快速成长期，有着足够的市场腾挪空间。“海阔凭鱼跃”，此时不扩张，更待何时？如果等到市场成熟期基本无扩张空间了，那时的市场如同屋子里挤满了重量级的日本相扑手、大块头的欧美拳击手、黑带级的韩国跆拳道，互相红了眼肉搏，只会几招的生手，再想上阵切磋技艺，恐怕不待站稳就会败下阵来。

那么，如果分出来一部分资源培育新的产品，扩大产品阵容，特别是进入汽车市场占有率最大的轿车市场，一旦获得成功，将使企业形成规模经济的批量优势。这样一来，不仅能减少单一品种市场波动对企业经营业绩的影响，也可以凭借批量跨入全国汽车企业排名的前列，甚至可以拦截别人的并购企图。

当然，这是一个美好愿望。

让人担心的问题是，如果不成功，会不会导致企业负累过重，难以支撑？万一到了关键当口，几口气跟不上，彻底被拖趴下呢？如果发生这样的后果，不是比企业守住眼前的产品，慢慢进步更糟糕吗？

始信路上的一番叩问，还需要时间来给出答案。

江淮汽车的未来，到底是外人“始信”江淮人的确无坚不克，还是江淮人“始信”轿车的确不是轻易玩得起的，也需要地方政府即企业真正的老板给出答案，更需要江淮所有用户用手中的钞票给出答案。

但有一条是确定无疑的，那就是每一家企业，每一个投入商海的人，都需要在每一年每一波市场变局面前，在每一个企业发展的重要关头，不断叩问自己：

“如何奠定自己的根基？”

“如何利用已有的根基？”

回答正确与否，评判权并不在投资者与经营者手中。

无根基之苦

前面说过，当我们决定在涿州建一家新店之后，有关建店的具体事务，我基本上都没怎么管，而是全权委托给了运营负责人。从建店到开业的三四个月时间里，我只到现场去看了两三回。

我能这样潇洒，是前方有业务干部顶得住，而前方能顶得住，也因为我在后方替他们拿好了大主意，并且随时给他们提供所需要的一切支持。

当时，看着前方一个小组渐次展开建店的各项程序，四下寻找出租的店面，然后谈判、设计、装修、组织运营队伍等，一项项有条不紊地往前推进，我既感到欣慰，又不由得感叹，10年前自己由一个外行跨入无任何根基的汽车销售领域，那才是一个最典型的无助的草根创业者形象。

在一本书里，我如此描述自己刚进入汽车销售领域时的窘境：

懵懵懂懂地撞进来后，我才发现自己既缺钱，又缺少北京地面上的关系，江淮公司虽是轻型卡车领域的翘楚，但当时它的乘用车品牌在北京还没多少人知道。在选择店面地段上，我没有任何经验，想要找到适合我们经营的店面，真有大海捞针的感觉。

我们只能到处去撞、去求，就这样一环一环、一条一条路去瞄着走，一张一张报纸广告翻着找，一个一个电话打着问，几个月下来店面还没有着落。这时我落下了一个毛病，只要看到稍微像样点的路边建筑，就恨不得去找人说说看能不能租来变成汽车专营店。

在艰难寻觅了几个月后，在几位哥们儿的帮助下，我才得以和一家店面的房主签了约。

后来我常常说，创业初期，在那些与我共过事的员工和厂家领导印象中，当时我通常呈现给他们的神情，一定是一脸疑惑、不敢肯定的样子，因为那时无论他们跟我讲什么，我都云里雾里。

企业经营的好坏，实际上取决于经营者手上握有多少资源，以及驾驭这些资源的能力。资源越少，能力越差，你就只能从很低的地方起步。这也就是为什么许多精明的企业家，决不轻易做自己不熟悉行业的原因。

因为在不熟悉的行业你是没有多少经验和人才积累的，即便投进去大量钱财，也会由于经验和人才的缺乏，让驾驭资源的能力大大降低。

现在回过头看，当时我选择汽车经销行业作为“创业实验田”，虽说得到了汽车厂家和同学、朋友的大力帮助，使自己获得了难得的助力，但如果单从自己握有资源和驾驭资源的能力来看，我在产业方向上的确是走了一条陌生的路。在“汽车销售”这块陌生实验田进行种植与耕作，等于把我前十五六年在传媒领域积累的大部分“耕作经验”都废弃掉了。

如果当初选择传媒领域，我就不会心里如此没底儿。那些差不多和我同时期从报社出去闯荡的同仁都选择了传媒，而且也都很快取得了成功，现在有不少人都被视为业界大腕，拥有让不少人羡慕的成功标志。

如果选择在传媒界发展，我相信在付出同等的努力后，或许比不上那些成功的同事们，但也一定不会比现在做汽车经销差。

对我来说，拥有一支能带兵打仗的干部队伍，是最具有能动性的资源，他们虽说不是行业中的顶尖人才，但根基里如果没有这一部分人，那么毫无疑问会失去所有的活力。这其中的价值，我深谙在心，因为我经历过手中没有得力业务干将的难处。

当时，我曾这样写道：

有了经营场所，接下来就是一边装修，一边向相关政府部门办理各项注册手续。

这段日子总感到什么都是一团乱。装修也是不知道该咋办，总觉得花钱太多。注册手续还没办完，汽车厂家就催我给他们打款进车，我担心手续不全，把车卖给用户也没法给人家上牌，厂家答复可以试营业，试营业期间如果卖车，票据可以找别的公司代开。我说不知到哪儿去找这样的公司呀，厂家又回话说："你现在啥也不知道，赶快去挖一个懂行的人来管业务！"

到哪儿去挖人呢？人该怎么挖？我又能给他什么条件呢？这些条件对他合不合适呀？给他相应待遇的同时，是不是也应该对他提出管理要求？而这管理要求又合不合适呢……

第一年对我来说最大的难题就是，当遇到自己解不开的难题时，真不知该如何判断事情的价值，也不知道如何取舍，更不知道如何能找到解决的办法，总之就是一头雾水和茫然。

从那时起，我的心态开始变得焦虑起来——

销售电话的铃声怎么半天都不响？没人来电询问，那就意味着没有多少潜在客户呀！

偶尔有个客户来和销售员谈谈，怎么面无表情就走啦，肯定是业务员业务能力不够！哎呀，这负责业务的副总怎么就不按我的要求天天给业务员进行培训呢?!

十天半个月好不容易召集个会，员工们还个个一脸漠然，没有活力，真不知道都是怎么选来的！

员工这么多，每个月发那么多工资，每台车销售差价这么少，公司年底会亏损多少呢？

哎呀，同城的另一家经销商又在降价让利拉客户了，据说还声称资本比我们雄厚十多倍，他卖车可以比我们低500元的价位，不出半年就可以把我们拖垮。真这样下去，我们能坚持不垮掉吗？公司要垮了，哥们儿帮忙借来的100多万我该如何还呢？还有另一位股东投入的钱，那不是害了人家吗？朋友们会不会说我无能？还有家人……

商品车到手上了，怎么还会有各种各样的小毛病？这几种车型和颜色，怎么总是不符合客户想要的那种车型和颜色呢？

那阵子，成天着急上火啊。不要说当天不卖车着急，即便当天卖了车也着急：“今天卖了，会不会明天又卖不了？”

……

所幸当北京限购政策推出时，我脸上再也没有了10年前那不知所措的茫然。不仅我们派到第一线的干部不是没有业界经验的生瓜蛋子，而且他们身后还有着稳定的资源供应和沉着的上司在观敌瞭阵，那心里的踏实劲儿，与我当年绝对不可同日而语。

似乎当年那些让我羡慕妒忌恨的业界翘楚们所拥有的一切，这时都转移到了我们这边。关于这一点，后来把店面转让给我们的那位投资人，对于我们拥有的根基，一定也有着同样深切的感受吧。

客户——最主要的根基

支撑我们渡过危机的最主要根基，是创业10年积累下来的客户。

在江淮瑞风商务车开拓北京市场的过程中，我们公司是江淮厂家在北京批准设立的第二家经销商。经历了开拓阶段的不适应后，我们很快后来居上。开业当年销量就超过了第一家经销商，第二年就实现了比第一年翻番。又过了两年，第一家经销商扛不住撤伙了，不再经销瑞风车了。

后来，尽管江淮厂家在北京又陆续新批了多家经销商，但我们在北京的销量一直居首。10年下来，公司总共为江淮厂家销售各种乘用车辆上万台，其中近九成都是瑞风商务车。

在这期间，江淮瑞风商务车总共销售约50万台，而我们的销量占其总数约五十分之一。在全国，这算是一个过得去的成绩。

为了打开瑞风商务车在北京小企业主中的市场，在厂家支持下，我曾与北京一家颇有冲击力的报纸合作，办了整整一个夏季的“中小企业成长学院”。

当时，每逢周五下班时，报社就会召集一些小企业主，坐上瑞风商务车开往北京郊区的度假村。周六日两天由中国科学院研究生院的教授讲授管理学课程，我们销售公司的工作人员和那些小企业主一起吃住，一起做早操玩游戏，一起上课讨论，当然还兼任他们的免费司机。

也就在这个学习当中，我发现了现代信息传播的一大特点，那就是在没有接触事物之前，除了那种特别具有爆炸性的事物，人们总是存在“充耳不闻，视而不见”的现象。另一大特点是，一旦他自己亲身经历了某一事物，心生好感，则会按照“吃惯了嘴，跑惯了腿”的习惯一直喜欢下去。

当时，那些“学员”开始时坐上瑞风车，有了亲身体验，就一面赞叹如此漂亮宽敞的座驾，一面问怎么从未听说也没看见过这种商务车。

等到两天的“学期”一结束回去后，这些“同学”就会迫不及待地打电话给我们，欣喜地报告说，在上班路上听到了电台播出的瑞风车广告，也看到了路上奔跑的瑞风商务车。

后来每当周五晚上，一听“同学”说不知道瑞风车时，我就会跟他解释说，是因为眼花缭乱的新产品和无处不在的广告干扰太多了，眼睛和耳朵已经自动替主人屏蔽了。不过，下周一你的眼和耳，就会专门为瑞风车打开频道，我开玩笑说。

在“成长学院”学习的企业主们当中，有不少来自影楼和服装市场，也就是在那个夏季，我们商务车也率先在这两个行业打开市场，开始集中销售。

限购政策出台之后，我一下子深潜到维修服务业务中去，先是查了一下到我们这里来接受服务的客户还有多少，当时的数据显示，大约还有销售量的一半。

这是一个4S店通常的客户保有量，但我认为这个比例有些高。

我心里清楚，一来公司长期对维修服务业务重视不够，二是虽然我们作为老店最先面向全市客户，但后来新开设的服务店必然会分走不少客户，因为他们的优势在于对周边客户更方便。不过，可能还是那个“吃惯了嘴，跑惯了腿”的习惯起作用，老客户跑惯我们这儿了，自然就给我们多留下了一部分客源。

有了这些客源为根基，就为我采取措施、改进不足创造了机会。我心里当下踏实很多。

一堂深刻而有益的“根基”课

2011年7月的一天，在长城山海关，扮作明朝守关小吏的景区工作人员，现场为我们颁发了《通关文牒》：

天朝山海关通关文牒

奉

天朝牒行制

有过关客旅系北京人氏

姓瑞征名车保

于辛卯之年因从事全汽车品牌服务之事

通行山海关

达于嘉峪关

敦请沿途官防校验文牒稽查年貌加盖印信依例放行

此　谕

兵部分司（印）

公元 2011年7月X日

这份文牒是我进门时特地买的，然后郑重颁发给负责汽车保险业务的女经理。

随后，几名员工扛着印有“瑞征车保”图案的大旗，登上山海关城门楼最高处，在顶檐巨大的“天下第一关”匾额下将大旗徐徐展开。

山海关高大的关楼下，照相机拍个不停。站在一边的我暗自揣想，瑞征车保将来若能走向全国，这些都是非常珍贵、值得留存的“历史画面”。

当着众多客户和员工，我郑重宣布：“瑞征车保从今天起，将在做好江淮汽车服务的同时，向我们选定的20余种汽车品牌提供维修服务。随着向全品牌汽车提供服务的展开，我们将以今天山海关的仪式为起点，以后每年沿长城由东往西，每到一个重要关隘都举行一个仪式，一直到10年以后在万里长城最西端嘉峪关举行一个最盛大的仪式，那将象征我们瑞征车保已经胜利走向全国。”

这是我在公司“汽车全品牌服务计划”启动仪式上发出的豪言。

全品牌服务计划的酝酿，是从2011年5月开始的，从筹划到推出，我花了两个月的时间。推出这一计划，源于我对公司未来的不安。

如前文所述，在实行“党支部建在连上”的分版块管理和运营模式后，虽说公司在组织领导上各处都有了实质性的保证，各版块的事务也能够及时有效地得到处理，但是在北京这个消费市场，我们经营的自主品牌汽车被合资品牌挤得越来越边缘化，这是我最担心的问题。

不过，毕竟北京的汽车保有量全国第一，有500万辆汽车需要服务，这个市场会不会是我们的机会呢？

于是，我对老店维修服务部人员提出一个课题：如果以我们现在数千名客户形成的维修服务业务能力为根基，是否能逐渐突破单一品牌服务的限制，从而为多品牌汽车提供服务？

将汽车用户的服务需求分解之后，我逐渐找到了可以入手的关键点。按照我的分析，汽修服务可分三级：第一级是更换机油、机滤、刹车片等的定期保养和简单的小件快修；第二级是涉及底盘系统、线路系统和发动机系统的深度机修；第三级是汽车碰撞剐蹭等事故导致的钣金喷漆修理。

分析来看，第二级汽修应该是各品牌汽车4S店的专长，而对于第一级和第三级，非汽车生产厂家授权的4S店也可以提供这类服务，只要能够提供客户信得过的配件和维修即可。

恰好，经过市场调查，我了解到有家来自德国的专做汽车配件的供应商，他们可以提供绝大部分汽车品牌的主要配件，德国人号称他们的配件质量就像他们的名声一样有保证。更重要的是，这家德国公司还提供针对各品牌车型维修的技术培训和诊断仪器，每年只要提交几万元的加盟费，就可以悬挂他们的服务标识。

在技术和配件都有保证的前提下，如果我们能够针对全品牌汽车逐步建立多家服务网点，为客户来这儿维修创造便利，那么他们会逐渐被吸引过来。这事我心里有底。

我做全品牌的底气有两点：

一是我们推出的服务将是价廉的，现在各家4S店的运营成本很高，服务价格一直居高不下，这也是每家4S店的客户流失率高的首要原因。4S店流失掉的客户，当然就成为我们的座上宾。

另外一点就是我们现有客户带来的资源优势了。这批客户在我们这里向保险公司买汽车保险，我们可以在他们出险以后代为办理相关手续，省很多心。众多的客户资源使得保险公司对我们很是重视，会额外多给我们一些点位的手续费，这些手续费一般小的维修厂拿不到，大的4S店拿到了又留作利润。我提出将这部分点位全部让给客户，这样客户就因为在我们这里投保而获益。这个利益不仅让给我们原有客户，也给予凡是到我们这里投保的其他品牌的客户。

在我们这里投保的其他品牌车辆，遇到第二级维修可以去4S店，平时的第一级保养快修到我们这里就近快捷，万一遇到碰撞剐蹭的第三级维修，我们强大的理赔维修体系又会提供更周到的服务。客户当然就会被我们吸引过来了。

我这么一盘算，按投资界所讲的“商业模式”，全品牌服务计划是能够成立的。如果能在北京全品牌汽车服务的市场中占得一个百分点，就将有5万用户，一年就会有上亿元的服务产值，利润将有几千万。为了给核心业务人员打气，我甚至跟他们说，如果此计划能够顺利实施，几年之后他们就能开上奔驰车。

全品牌服务计划推出之前，我们还邀请了几十位客户来座谈，征求他们的意见。有的认为，还是应该坚持将现有的品牌做好，也有客户极为赞同新的全品牌服务计划，认为我们如果能将计划中的理念真正落实，那将是北京最好的汽车服务商。

遗憾的是，一年后，这一美好愿望被彻底关进了山海关。

为“全品牌服务”项目组建的部门里，10余人走得只剩一位老员工，我不得不宣布取消计划。而启动仪式上有关在万里长城最西端举办胜利仪式的承诺，我只能到嘉峪关去悄悄说声抱歉。

事实上，全品牌服务计划一开始实施是乐观的。从当年7月份推出之后，每个月都能吸引一些新的其他品牌汽车的车主，投保量也都有起色，从几台十几台，到四五十台。为此，几个月之后我专门邀请到一位对此很有兴趣的新闻界朋友加盟，全面负责此一项目。

但问题在于，我们的维修服务队伍跟不上。一支懂业务、肯吃苦还有凝聚力的业务队伍根基没有建立起来。业务部门里面也总是不断传出人际关系矛盾，相互间的不信任越来越严重，不断有人离职，直到最终计划泡汤。那本山海关的通关文牒也不知所终。

最初我提出全品牌服务业务模式时，得到一些投资界专业人士的支持，也有一些向来比较倾向于稳健经营的同事持怀疑态度。

一年之内，尝试即告失败，相信持有两种意见的人最后都会有了“始信”的结论。原来赞成的，“始信”我在这一项目上没有操作下去的根基，包括我本人不具备领导这一模式的能力；最早持反对意见的，则会在心里说，这回“始信”我当初讲的是对的吧。

好在船小好掉头，小企业得出“始信”的结论要快得多，因为牵扯的面不是太广。

全品牌服务模式虽然失败了，但这是对公司未来前途的积极探索，是为下一步预留后路，也检验出了几位管理者是否具备担当重任的素质。

说实在的，在最后关头，我也没有冲到第一线去做挽救工作。因为在这一年探索过程中，这一计划模式的基本脉络已经清晰，公司不具备去实现各项设定工作目标的资源条件，也是显而易见。

虽然不得不食言自肥，多少让人有些尴尬，但此事却给我上了一堂深刻而有益的“根基”课。

根基上耕耘，根基上收获

上游厂家是我们最为重要的根基。

北京限购政策刚出台时，我曾担心上游厂家会放弃北京市场。限购之后，自主品牌汽车在北京市场前景的确不太乐观，加上厂家在这里新批准了几家经销商没有销量支撑，僧多粥少，我想，厂家总不能拿着钱来白养着我们吧。

多年来，我基本秉持“不要太给人添麻烦”的原则。这回也是对自己提出了要求：竭力去做，但如果真的撑不下去，那也不要怨天尤人，坦然收拾起摊子走人。

当时，我接到许多朋友的问候电话，大家都关心我能不能撑下去。更有朋友主动帮忙联系其他车企，并和相关负责人打好了招呼，让我申请去做经销商。盛情难却，我也认真做了准备，前去接洽。

然而仔细筹划之后，我认为我们的根基还是在目前的汽车品牌。员工已经对这家企业的文化和流程熟稔在心，如果这家企业没有主动放弃我们，我们何必要去重新寻找不熟悉的战场呢？况且，现有队伍、资金也不足以应付两个品牌的市场，于是我诚恳地向朋友道了谢，停止了申请新品牌的计划。

上游厂家当然没有抛弃我们的打算，他们开始认真研究北京市场的新特点。

他们派出销售负责人带队考察周边市场，然后建议我们在涿州新建一家店面。由于一时无法判断北京市场走向，他们取消了每个月对经销商严格考核的销量指标，代之以经销商自己能卖多少就算多少的政策。

此前，厂家为了在经销商之间营造你追我赶的销售势头，放松了对市场价格的管控，而眼下市场危机一来，他们开始认真监控各家经销商之间的竞争，由此降低了经销商之间的内耗，大家都有了合理适度的利润。

厂家几位很有市场敏锐度的片区经理经常到我们店里巡视，发现问题和机会，就和一线管理人员及时沟通。针对我们特别关注的旧车换购新车这一市场，厂家也给予特别的奖励政策，给客户提供了相当有吸引力的换购补贴。

在限购推出前我们和客户签订的一批上百台的预订车辆，半年后开始陆续交车。这是限购第一年里在北京唯一一次大批量销售，所以厂家也给予一笔特别费用奖励我们。

将心比心， 很多事情都是相互的。限购危机之下，作为经销商我们挺住了，而且不断地投入资源建新店，救伙伴，担起别人都不愿做或做不了的轿车销售。在困难中我们也不倒戈易帜，使得销量不断回升，还经常有让人耳目一新的业绩回报厂家。

到了限购第二年，公司销售量已经接近正常年景的水平。这一年，公司还在厂家的支持下投标中了一个350余台越野车的销售大单，那是一个联合国资助的车辆购置项目。自这种城市越野车投产以来，这是厂家最大的单一批量成交。

这一切努力，厂家自然看在眼里。我们努力的结果，不仅为厂家在北京市场稳住了经销体系，维护了厂家原有的形象，更重要的是，我们的业绩还不断有新的突破。

当然，厂家的领导们也就给了我们应有的政策支持，即使他们内部的管理层发生变动，新领导对于像我们这样老实做事、从不无事生非的，照样高看一眼。

"如何垒砌自己的根基？"

"如何利用已有的根基？"

一场市场危机带给我诸多启发，其中重要的一点就是要更加重视垒砌和夯实自己的根基。

可以想见，如果不是10年中积累了数千家用户，两年之中我们三大业务板块仅服务费就有3000万元的收入，我们怎能在各项成本领先全国的北京市场维持多家店面经营？建新店、收购倒闭店更无从谈起。

如果不是10年间培养起来一批业务能力过硬、有奉献精神的新领军人物，即便"党支部建在连上"这一机制再怎么充分调动骨干积极性，那我也只能徒呼"安得猛士兮守四方"，却无人来助一臂之力。

如果不是我们与江淮厂家有着这么多年的业务交往，以及他们对于我为人和能力的信任，又怎么可能在逆境中持续寻得机会，逐渐走出危机？

所以，我越来越感受到，人的成功取决于事业根基的深浅。要想不断取得事业的成功，就应该"根基上耕耘，根基上收获。"

06 言传，身教，用事谈

@幼学某日发微博一条：

“管理案例题：如果公司里一个管行政事务的孩子答应你，他可以办一件事，并且这事并不大，比如说只是将几个椅套装上去这样的事，结果你出差十几天回来，没有办。你批评了此事，又过了四五天只办了一半。请问你怎么看这事，你应该怎么办？”

@幼学是我微博的名字。同许多专心经营微博、广发信息的朋友不一样的，我的微博不追求有多少粉丝来关注，主要是用作自己信息和知识补充的窗口，通常只有三四种功能：一是每天关注一下有哪些政府控制的媒体没有报道，但却引起网民围观的话题，这是自媒体时代我这位原媒体人感到很是享受的一件事。二是关注一下周边人特别是公司员工们的微博消息，看他们在想些什么。三是关注一些在创业领域进行理念普及的微博，对他们发布的观点和事件提出一些我的看法。

对我来说，很少把自己经历的事主动发到微博上。

我猜想，这条微博发上去后，如果有网友关注到，他们给出的答案无非是以下几个：

1. 再度发火，并可能开除他；

2. 向他的领导发火；

3. 压住怒火将他找来，尽量平静地问他，为什么这样办事？

4. 不动声色，自己动手去办完此事，以此对他和他的周边员工形成示范；

5. 和他一起去办。

也许是因为我微博粉丝较少，也许是大家对这类比较费脑筋的题目不怎么关注，直到第二天，才有一位熟悉的网友回应道："具体处理方法和管理者的做人风格、当事人的一贯表现都有关系，您的答案是什么？"

我答："这条微博被这孩子的直接领导看到了，然后就很快办好了。"

网友"哈哈哈哈！"乐了起来。

公司里，那看不见的烟雾

办企业10余年来，我每天都会碰到一些如何办事、如何对待员工之类的问题。确如网友所言，此事的处理方法和管理者的做人风格、当事人的一贯表现有关，我觉得还跟管理者当时的心境，以及手中有没有可替换人员也有关。

刚好发微博那天在一所大学讲创业课，我以此为案例对大学生们讲，其实一家企业每天遇到的课题，比商学院所讲的案例要复杂得多，要想处理好一个椅套这样的小事，你可以依据教案中各种不同要求得出五花八门的答案。

其实，书上那些可能的答案，也会出现在公司不同人员的看法中，这些不同的看法也会形成不同的舆论，来影响不同层级的管理者。

在公司里，每天都似乎弥漫着各种看不见的烟雾——此事如何办，彼事怎样办才更好？

在这烟雾里，有着各种随烟雾流动而投射过来的目光——

有的目光是无动于衷的，好像是由压着层层棉絮的眼睑下漫射而出，所以这类人显得迟滞，无论碰到啥事，都不会有多少触动。只有遇到吃饭发工资这样的无形烟雾，这些目光才显出活力来。

有的目光充满疑虑，对许多事务烟雾都是一副警惕的神情，看看是否有不该飘到自己范围之内的事务烟雾。

有的目光则带有狡诈。他们留意自己的事务烟雾是否流动畅通、省力，并且在运行过程中是否能顺便带走更多的利益。

有的目光则是坦然的，有的目光是检查型的，有的是思考的，也有的是憨厚的。

我时常感知那形形色色的目光，如同公司这台大机器控制仪表台上的各种信号灯，闪烁的信号灯透露出每一位员工内心的意念。意念牵动了或者按住了、纯净了或者毒化了、增效了或者减弱了——各种无形的烟雾在公司里运行。

在烟雾应该到达的地方，就会由那些接受这些烟雾的人，包括客户、公司内部需求方、外部关系方，对这些烟雾的质量、时效等给出评价。评价又会形成新的无形的烟雾飘回公司的空气中来，对公司的事务烟雾形成正向、侧向或反向的影响。

公司事务的无形烟雾，在时间的路途上不断循环往复，逐渐对企业形成了或发展或停滞或萎缩的影响。相对应的，员工在其中或者成长了，或者踏步不前，或者被淘汰出岗位。

“中国式打铁”的带队伍模式

有一回，我在广州白云机场候机的时候，见旁边一位商务人士在接听电话。听口气是他准备引进的一个人才打来的，似乎希望他能提供副总的职位。

这位接电话的很耐心地说服对方：“副总——，是要有战功的嘛——。你先进来干着——，相信等你有了相应的业绩，那当副总不是顺理成章的嘛——。”

这一番应答，让人感到这位商务人士不仅人情练达，更了不起的是他显然参透了一个组织中高层人士成长的核心秘诀。这个秘诀就是让工作结果来证明你的能力。

常言道商场如战场，我认为这话对了一半错了一半。错了一半，是将商场描述成完全你死我活的过程。对了一半，是说商场和战场一样，都需要训练有素的战斗队伍，特别是需要各个层级的优秀领军人物。

如同军队一样，企业的优秀队伍也需要一点一点慢慢培养出来，通常大家都将这培养的过程称为带人带队伍。

从哪儿带起呢？从根子上讲，只有带“心”，也就是在企业组织的整体结构下，不断提高队伍素质，持续开发员工工作的积极性，让大家在完成公司的任务中凝心聚力。

当然，队伍的成长首先要看管理基础，要看员工的能力。有人不赞成提“爱企如家”的口号，不赞成这种带队伍的理念。遇到那些能力不高的员工，即便他的工作意愿再高，再怎么将企业看成是自己的家，也帮不了企业什么大忙。

就此话题，我曾经和一位在知名跨国集团担任过高管的学者讨论过。他认为，中国人特别关心员工的思想理念这些摸不着的东西，有段时间还提出过“不换理念就换人”，而国外的企业不大管这些。跨国企业在中国招聘员工靠的是提供高待遇，找的都是高素质的人，来一批走一批，三五年内可能人员都轮换了个遍，但是靠着企业一整套的基础管理制度，照样运行得很好。

有的人认为“管理制度保证一切”，面对高水平的管理工具，接受它的管理或者使用它去管人，时间一长员工们习惯了这些工具，大家的理念和思路自然就顺着这些管理工具中包含的理念改变过来了。

我感觉这种观点总体上不错，但国外也有比较讲人情的东西，比如卡内基的企业管理理念就特别强调要不断地给员工以鼓励。还有最先在美国风行的学习型组织理论也很强调，要想取得好的业绩，就应该从改变组织内人员的心智模式入手。这都强调要在理念、思想上下功夫。

况且，对于小企业来说，对于那些属于产业链中低利润段的中国企业来说，不可能全都拥有高水平的管理者和管理制度，也不可能提供高薪去吸引很多高素质员工。

为此，我比较推崇一种“中国式打铁”的带队伍模式。

“中国式打铁”是这样的场景：铁匠左手用钳子夹起烧红的铁材，放到一墩厚重的铁砧上，右手抡起一把铁锤敲敲打打，然后左手根据预先设计的样子和捶打的进度，不断调整锤打铁材的角度，左右手不断配合调整，利用铁毡的各种型面进行锻造，最后敲打出一件铁器来。

“中国式打铁”的带队伍模式，就好比在企业中安排好铁砧、钳子和铁锤，将那些有培养前途的员工当成铁材，在焙烧到一定程度时拣出来捶打锻造。

这里的“铁砧”，就是企业基础管理的规章制度、操作流程与规范、绩效考核等等很硬的管理工具。

“钳子”，就是管理者对员工的言传与身教，告诉他们应该如何对待工作，如何做事情。这种言传与身教，时时刻刻无处不在，只要遇到可以让员工提升的方面，管理者就应该无私地指出和垂范。

而“铁锤”，是一种人与人的高级沟通方式，我称之为“用事谈”。在“用事谈”之中，对话双方不用或很少用语言来说明自己的目的和行为，而是以双方做事所呈现的结果来沟通。

以管理制度为基础性的“铁砧”，以言传身教为引导和调整员工的“钳子”，以很少说话的“用事谈”为铁锤，三者相互配合协调使用，不断对员工的工作能力与办事思维进行锻造，这样才能打造出企业需要的可用之才。

当然前提是对不同的材料要量材锤打，那些能够成为公司高层人士的，都应该是经得起锤打的真铁才成。

“用事谈”的大学问

管理制度的建立，不是本书谈论的重点，而言传身教作为中国传统文化一向提倡的方式，身体力行也容易学到，在这里，我重点谈谈“用事谈”这把“铁锤”。

以下来自@瑞征车保小瑞羊的一则微博：

学习金字塔——

1. “听讲”，两周后学习的内容只能留下5%。
2. 通过“阅读”方式学习，保留10%。
3. 用“声音、图片”的方式学习，保留20%。
4. “示范”，保留30%。
5. “小组讨论”，保留50%的内容。
6. “做中学”或“实际演练”，可以达到75%。
7. “教别人”或者“马上应用”，记住90%的内容。

光从学习知识的层面上来看，就足以看到“言传”最多只可以传达二成的信息量，而“身教”可以做到七成五。“马上应用”则能让人记住九成的内容，这种方式算得上“用事谈”。

有网友曾在微博发布了一部电视剧里的一段台词：

我没车，没钱，没房，没钻戒，

但我有一颗陪你到老的心。

这句话不靠谱的程度，

类似于，

虽然我没看书，没上课，没复习，没做题，

但我有一颗

永不挂科的心。

这是一个关于人不靠谱的比喻，谁都会认同。因为大家相信只有“去做”才是一个人一切美好愿望实现的前提，只有将事情做好了，才能证明一个人所讲并非虚言。

所以，对于一个不熟悉的人，中国人习惯用“听其言，观其行”来测试。对那些原本办过不好的事，后又表态要痛改前非的人，也会用同样的方式。

公司新招聘一位修理工，人长得很清秀，说话也很温和。我约他来办公室聊一下。他说业余时间会看看书，我听到这话很欢喜。

在我印象中，由于现代社会网络和电视非常发达，年轻人业余时间基本上都消耗在电视和电脑上了。特别是智能手机出现后，连工作间隙都去上网玩儿，愿意将时间用在看书上的真是太少了。我曾经送过不少管理和业务方面的书给那些有灵气的员工，结果是他们大多对看书没有多大的兴致。

所以，一听修理工说业余时间看书，我很意外，顺手将桌上一本《丰田生产方式》递给这个小伙子，让他看完之后找我来交流看法，他满口答应。

可是，过了好久，他都没来找我谈读后感，我就知道他所谓“喜欢看书”是怎么回事了。

当然，企业带队伍成长是一个全面的系统工程，比这段微博所描述的范围要广阔得多，也深刻得多。

“用事谈”不仅是用事去判断一个人，更主要的是用事去引导和教育人，这其中学问很大。

@Grace咚的微博：

记得看过一个节目，主持人在现场问甲乙两人同一个问题：“我们之间相距几步？”甲坐着没动，思考了一下说道：“5步吧。”乙则大步走向主持人，答道：“6步！”这是一个行动力测试，乙的行动力明显强于甲。而现实生活中，乙的人生也确实比甲过得精彩。

@趣味经济学的微博：

【从创意到成功的关键因素】当你想到一个idea，可能1000个人已经想到了，100个人在准备商业计划了，10个人准备全力去做了，一个人已经干出来了。主意从来不缺，缺的是执行力。成功就像一扇门，如果创意这把合适钥匙我们已经找到，那么现在请把钥匙插进去，并朝正确方向旋转，把门打开。

这两条微博，强调人们的意愿要经过“行动”来过滤，不通过行动过滤的，都是空想者。但并不是只要行动就会成功。

我很喜欢一位留学归来的研究生。为了让他能尽快成长起来，我努力为他创造各种接触人事物的机会。针对他从未完整独立执行过一项工作的问题，我给他出了一个题目，是和具体工作无关的，请他去向陌生人讨10块钱来，并且把别人给钱的情景用手机拍下来以作证明。

这似乎成了一个大难题。他踟蹰了许久，思考着向哪些人讨要比较容易，怎样向人家说出讨要的理由。终于在某个星期天，他来到北京最繁华的西单大街，开始把无数次设想过的讨要方案付诸实施。结果七八个小时之后，他空手而归。

对于年轻的海归来说，这是一次失败的打击。

但我鼓励他，能有行动，就算他已经完成这道题的基本答案。因为他有了顶住压力并且采取行动的毅力。而这些，正是一个创业者必经的心路历程。

什么是创业精神?

根据创业这些年的心得体会，我认为至少要由这样三部分组成:

第一，要有强烈的创业梦想。那种今天兴致来了说我要干这个，明天再想哎呀也挺难的，或者感觉也没多大意思，那都只能算是思想小火花。强烈的创业梦想是那种成天烧着你的心，一天不去做就觉得日子过得没意思。

第二，要有顶得住压力的毅力，要硬得住头皮，经得起各种磨练。任何事情办起来，都会出现前文中的年轻海归在西单大街上碰到的情形，让人不知如何办下去，但一个小时一个小时往下挨，那也是创业精神的一部分。

第三，要有足够的学习能力，能够从错误和挫折中找出解决问题的办法。没有这一条，就不会走通创业的“最后一公里”路程。

如前文所述，在我的创业精神图册中，行动是由梦想和毅力引导出来的结果，加上学习能力，再辅之以时间，创业就会走向成功。“用事谈”，可以对这三方面起到测试、引导、锤打等多种作用。

最坦白的答复

时间过去大半年，有个小伙子欠我一个答复，但他已经“用事”给了我回答。

三四年前，这小伙子托人到公司来求职，说自己曾在一家比较大的国企当过车间主管，对车间里按部就班的工作厌倦了，想接受更有挑战性的工作。

我很高兴地接纳了他。一是介绍他来的是我很尊敬的人，二是他正接近三十岁的年纪，公司里正缺这一年龄段的中层骨干，他又在大企业待过，应该具备较高的职业素养。

我简单聊了一下，感觉他人很机灵，他自己也声明说很能吃苦。于是我就推荐给总经理，并且将下一步的使用方向也向总经理作了交待。总经理很重视此事，让他上班第二天就直接去生产厂家接受培训，回来后就安排到我们刚开业的新店去上班。

小伙子在新店销售部门工作了一段时间后，被新店领导调到了缺少人手的售后服务部门。因为很关心他的成长，我有时在公司会议上就会顺带问一下小伙子的近况怎样，得到的回答都是“还行”。

这通常是一个模棱两可的回答。

差不多有一年功夫，小伙子也没能像我期望的那样，在新店成长起来。我估摸，是不是公司的总经理换人了，对人才的培养不够重视，或是对距离远的新店人员了解不够？

于是，我建议新总经理将小伙子调到老店的服务部门来，这样在老店办公的新总经理就会有更多了解他的机会。这个提议被拖了好一阵子才落实。但小伙子到了老店以后，也没有受到多大的重视。

后来到了北京限购政策推出的时候，我直接到老店维修服务部门去抓业务，与他接触的机会自然就多了。这当然就能直接了解他。他的优点是明显的，比如说反应快，但也有一些缺点。不过，我觉得年轻人有缺点总是正常的，只要善加指点和引导，就可以使他担起重任。

为了从言传身教上带他，我特别安排他在我身边负责行政与综合管理的工作。在这段时间里，为了让他能更快地学会做人做事，对他的一些毛病或者不周之处，我往往是直接予以批评，这让他心里不爽。尽管当我的面，他总是乐呵呵地表示接受，但私底下常有抱怨。

我注意到我的方式欠妥。本意是希望他能尽快成长，但对方未必就能了解我这番苦心，如果对方不理解，效果只会适得其反。所以，后来我就改变了方式，不再给他太直接的批评。

过了一段时间，公司决定开展全品牌的汽车服务，我希望他能够在其中起到重要作用，就鼓励他在这项业务中建功立业。不料他去了这个业务部门一开始就闹了个不愉快，很快就向我提出了辞职。找部门负责人一了解，才知道他是对几百元固定工资拿到业绩里面考核不满。

我心里叹了口气。难道一项有前景的事业，不值这区区几百元的考核？我对他一直悉心培养，难道就不能当面跟我交个心？不过，我还是没有生气，心想他还是个年轻人嘛，重视眼前利益也属正常。

后来，我们引进了一位对这项业务非常有信心的新领导来全面负责全品牌汽车服务市场的开拓。没过多长时间，小伙子和他负责的团队多数人就和新领导之间发生了冲突。在他们这批全品牌汽车服务开拓人员出国度假回来没多久，小伙子就提出了辞职。

临别时，小伙子除了对公司和我表示感谢，还提出，公司可否单独给他一个政策，双方进行业务合作，他作为公司的编外人员，可以继续在外面跑业务。

我当然不希望自己悉心培养的业务骨干离开公司，也一直提倡那些有创业能力的员工利用公司的平台来创业，这样既可以降低创业风险和难度，也可以为公司扩大平台。于是当即让他回去提出具体方案。我对他说，他这样去摸索，将为我们已经开展的“党支部建在连上”创出一种新模式。

过了一段时间，我见到他，催问他的方案怎么还没拿来，他答说要好好来策划，这回一定要珍惜我给他的好机会。他说的好机会，包括那次动员他去承包我们亏损的新店，可惜在最后关头他打了退堂鼓，让别人去打了翻身仗。

此后大半年过去了，他再也没有回过话，那要“好好策划”的方案也不知到底怎样了。不过，倒是有朋友传来消息，小伙子给一些客户打电话，让到他那儿去上保险。

对于这一点，我倒没有大的意外。虽说他和我们公司签订有竞业限制协议，我也决定不去追究他。年轻人还需要生活，我总希望他们能有大的出息。

只是，对他“用事”给出的最终回答，我心里始终存有一点点遗憾。

在我这里待了这么长时间，我怎么没教会他如何回复对别人的承诺呢？

尽管，“用事谈”是一个最坦白的答复。

“用事谈”，不等于不用说

用事谈，在多数情况下也是要辅之以语言沟通的。

许多年轻人都有一个习惯，对于别人的提问往往以沉默作答。他们以为不回答，就表示自己不同意，或者不愿继续推进某件事了。这种以不回答作答的方式，倒是让那些不习惯与人谈事儿的年轻人，避开了正式与人沟通的窘迫。

但殊不知，这种方式无法让对方感到你的诚意，也不能让人当面听到你的解释，你也就失去了对别人表达感激之情的机会，更谈不上对人的尊重。当然也就无法从对方那里再次获得机会。

我刚提出开展全品牌汽车服务时，根据“党支部建在连上”的认知，认为只有让直接责任者有全力以赴的冲力，业务才可能获得足够的推力。

于是，我提议让几位业务骨干都拿出一小部分资金，在公司内部成立一个暂不注册的小公司。按大家所起作用的大小，投入相应的资金当股东，等到项目运作成型了，再单独注册公司，这样就可以让业务骨干成为创业者，项目成功了，打工者也就获得了事业的成功。

这一模式在我们之前的老店销售业务中已经应用过，销售总监和其他几位公司老臣都成为公司的老板之一。其实他们只需要投入很小一部分的资金，真正做生意使用的还是公司的钱。有资格被邀请成为小公司股东的人，都是公司特别高看和照顾的。

事情是我分两次跟大家讲的，都说回去好好考虑考虑。头一次没有答复，第二回我给出了一个时间限定，规定到时如果不能确定，公司方面就要另出方案。但一直过了所讲的时限，也没有得到回话。

“用事谈”的最核心作用是，既可以探测到合作者的内心，也可以知道对方到底对彼此合作持有什么样的态度。

在这次提议中，我让手下筹资运营全品牌业务，规定的截止时间还没到，我已经知道了大家的态度——他们肯定没有兴趣。在此期间，他们既没来找我探讨过，也看不到他们的热情。平常我们也经常一起讨论公司事务，并不存在没有交流机会，或者害怕跟我交流的问题。由此，我也就测试出当时该部门负责经理的心态，至少说明对方对全品牌汽车服务计划没有多大心气。

于是，截止期到了以后，我分别询问了一下他们的意向，以表明我对此话题的重视，然后我就另寻他人来负责这一项目了。

用事谈，可以测出来每个人的问题所在，对测出来的问题，尽可能用“言传、身教”去引导，有针对性地让他们改变和提升。

总是粗心马虎的人，我就抓他办事的条理性；不太会与人打交道的，就要教他如何和别人沟通交流；比较自我，只关注自己业绩和工作的，就会多开导，让他认识到总是单枪匹马，往往牺牲掉合作带来的许多快乐；不会领导他人的基层主管，引导他怎样去理解他人，同时让他人也能理解他。

有针对性的引导，最好是拿他刚刚在某件事上的表现马上来分析和应用。根据前文提到的学习金字塔理论，至少这可以取得七成五以上的效果。

当然有许多人的性格与习惯，从根子上是不容易改变的，我在贯彻“用事谈”理念的过程中对此深有体会。有句话很有道理：“你看到的，总是你现在能够想到的”。对看到的事情，许多人总是用他自己的理念去解释，得出的结论也只能是他想得通的结果。

钣金车间的底子工在打磨工件上的腻子时会起很多灰，落得满身满头都是。身上倒是好办些，下班换掉工服解决了，头上也好办，夏天冲个凉水澡也就解决了。冬天可就麻烦了，虽然公司有热水，但天天洗澡员工也不愿意，我就要求他们戴帽子，有的员工就认为是在给他们添麻烦。

在我看来，道理明摆着，无论如何也不能顶着满头的腻子灰去睡觉吧，可是员工觉得这有啥？每天晚上睡得还挺香的。可见，我们双方看到的，只能是我们自己想到的。

言传与身教，在企业第一线那是和尚念经，必须年年讲，月月讲，天天讲。对于工作上必须要求做到的，比如说戴帽子才能打磨腻子的，就是一边说一边盯着改，再进行现场考核管理。就像西方企业所讲的，用管理工具去约束。

言传与身教，总的来说就是，给句话和给一个示范，将管理者的善意表达出来。至于人有不同的性格与特点，那就看怎样扬长避短、量才而用、因材施用了，实在没有合适的位置发挥他的特点，那就只能互道珍重了。

测试素质“用事谈”

对有些人，“用事谈”可以测出他在本岗位之外的一些基本素质。

有一位员工常常对公司管理发表意见，我想测试一下他是否具备真正的管理能力，于是交给他一项任务，为公司各处拖地的拖把建一个架子。同时，我要求这架子可以挂上涮过的拖把，架子底下放上承接拖把沥水的盘子，架子上面还有挂不同湿度抹布的横杆，以及放置清洁剂的地方。任务的目的是将原先随便靠在墙边的拖把和一些清洁用具归拢起来，既方便取用又整齐美观。

此前一年多，我曾将此事交给一位车间负责人去做，结果不理想，我也没有去深究。对于不是特别要紧的事情，我一般都愿意等一等，等承办人的能力和素质逐渐提升。特别是属于员工主要岗位工作之外的事，如果他的意识和理念都还没跟上，我抓得急，反而可能让他们手足无措，带来困扰。

这回将拖把架子的事交给这位常提建议的员工，如果他真的按照要求完成了，我就准备让他多负责一些综合管理上的事务。

花了快一个月时间，他也只是做了一个小架子，还是半拉子没完工，摆在那儿也不拿到现场去使用。怎么没有往下推进啊？我催了两次，依然没有进展。

后来，公司要求各部门压缩人员，提高工作效率，他们部门报上来的方案中将这位员工的岗位列为缩减范围，我也就没有为他说话了。

客观地说，私营企业处于中国经济结构的中下层，出生时间短，获利空间窄，资源、人才和管理能力等方面有很多劣势，所以难以吸引到成批的优秀人才直接加盟。私企只有靠创办人自己更加用心，盯得比大公司更紧，耗费更多的心力，才能弥补这方面的不足。

但是，创办人浑身是铁也打不了几根钉，大部分的人才缺位，都只能靠“矬子里面拔将军”，将那些表现稍好一些的员工“拔苗助长”，让他们在事情的历练中或成长，或淘汰。

体育界有句行话叫“以赛代练”，通过多打比赛，让运动员在赛中练赛中学，有悟性的运动员和教练员总是可以由比赛获得很大提高。那些在小比赛中就被证明无耐性、不愿去动脑子的运动员，他的教练就会在选材时画问号。

我曾经在公司围墙边上建了一排几十米的花坛，布下一处测试场，每年都会邀请员工担任花坛的义务护理人。他们不知道，其实这也是“用事谈”。

开始，这花坛的护理任务交给了一位性格外向的学员。

那时我刚深入到维修服务业务第一线，经常和员工们一起开“世界咖啡”。这是美国传过来的组织内部交流形式，大家一起喝着咖啡，吃着点心，开着轻松的会议。针对会议主持人提出的主题，大家七嘴八舌提出几个关键点，再按照这几个关键点分小组去讨论，讨论结果由各个小组在全体参会人面前来分享。

每次的“世界咖啡”，这位学员都表现积极，常常就公司的话题发表意见。他的经理告诉我，作为一位刚从职校毕业不久的小伙子，工作上还过得去，但好像对资历比他老的师傅不太瞧得上，认为自己在技术上已经学得差不多了。

我想试一试这孩子，让他来管护花坛上种的菜。开始几天他还兴致蛮高，过了两个星期，那些菜就在太阳下奄奄一息了。我教给他应该如何管理，回答是：“好好好”，可过不了几天，他会找出各种理由，继续让那些黄瓜、西红柿、辣椒过着半死不活的生活。

这活儿只好转到别人手中。

本来，我是想通过测试，发掘这小伙子持之以恒的素质，再引导他去干些别的工作，就会使他更快地成长。可惜结果是，他无法听懂我在事中所“讲”的东西，我却“听”出他用事在说自己欠缺韧劲。

没有多久，他不肯坚持的性格在本职工作上体现了出来。受到主管批评后，他一气之下就提出辞职，说是觉得当机修工出路不大，要回家帮着老爸伺候果园。

结果几个月后，他又托人说希望再回公司。

据他说，离开公司没多久，就从他家果园里跑进城来，在一家没有多少活儿的洗车店干了一段，又到外地的一家汽车维修店干了一段，总是觉得不得劲，感觉还是这儿好。

他表态，这回一定好好在公司学习技术，把工作做到别人没话说。经理们对他的话持怀疑态度，我觉得不妨看看，他到别处去转了一大圈，有可能别人的“事谈”让他有所提升和醒悟，让他留下来再“事谈”一下吧。

“事谈”很快就见了结果。一圈儿南墙碰下来，尽管满头是包，这孩子却依然没能从中学到真东西。没多久，他再次离职了。

后来，有一次他回公司来串门儿，说在一家商场当保安，业余时间还去上学。我鼓励他继续努力，心里希望他真能改掉办事没有韧劲的毛病，将来能混出好样儿来。

我一直记得那孩子经常一脸灿烂笑容，可又时常眉头拧起，走起路来懈懒无力的样子。

社会上，像前面所讲的那个小伙子这些来自农村的孩子，被称作“新型农民工”。他们从小上学，毕业之后直接来到城市打工，基本上没在农村干过农活儿，根儿虽然在农村，生活却基本在城市。

据说，这个群体已有上亿人。我们公司里的绝大部分员工都属于这个群体。

他们的学历初中、高中和职高都有，也有一部分是大专文化。其父辈，无论是在农村继续务农，还是已在城市打工许久，多数都只是供给这些孩子读书和生活的费用，对他们的生活技能和做人道理方面的教导极为有限。

不管对于农村还是城市，孩子们都了解有限，没有能够深入进去。城市和农村都未将他们视为自己真正的居民，他们在哪里似乎都找不到归属感。

对于工作和生活，他们单纯抱着一种自己闯闯的心态。如同海洋中的沙丁鱼，他们相互聚集成团，不知道谁是首领，却相随着东冲西游，一会儿在这里，一会儿又游到那边。生活习惯、做人处世，甚至于工作技能都是相互模仿，对他们影响最大的常常是他们的同伴。

他们对单位里的各级头头，通常持谨慎观察的态度。至于单位出台的各项管理规定，多从不信任的角度去解读。管理者要想深入到他们内心很难，要让他们将自己工作视作自己家的事，更是不易。

无论他们到什么单位，都会四处张望，充满警惕，稍有风吹草动，立即逃离。由此，也使得用人单位不得不花更多时间，来与他们建立信任度。

他们很少和家人在一起生活，年纪很轻就交异性朋友，婚前同居成为潮流。四处漂泊式的生活，不是特稳定的工作，在城市和单位暂时委身的心态，使得他们对薪水高低的敏感度，远远高于对“忠诚”“学习”“肯干”“合作”“长期”这些职业素质的追求，他们也看不到这些素质能给自己带来长久的利益。

他们满足于快餐，很少自己想着去亲自下厨。

爱看书的人在他们那里难找到知音，可他们的信息获知量很大。他们是最积极参与网络的用户群体之一，只要有时间就去泡网吧，更是智能手机的拥趸。他们对影星生活了如指掌，对体育锻炼兴趣不高，抽烟被认为是很酷的消遣。

他们也有成功的梦想，但对自己的工作要求并不很高，日子过一天算一天。不愿意听取别人的意见，对那些不是赞赏的对方问话，习惯以“没有啊！”作为口头禅。

对这些年龄大多在十七八岁到二十七八岁之间的孩子，我对他们的认识和使用也是经历了一个过程。

开始，我觉得他们远离父母到公司打工，很值得怜悯很需要呵护，除了尽可能地照顾，还希望他们能长期在公司工作。为他们上政府规定的各种社会保险，签长期合同和竞业限制协议，提倡戒烟，号召读书，引导他们研究工作中的各种课题，像对待自己家里的孩子一样，经常为其指出问题和缺点。后来发觉对于我的这一番苦心，他们并不特别能够领会，也不愿意做出改变。

于是，我决定改变自己，对于人员来去都不做过高要求。我想，如果是别的单位用得特好的，也不太可能从那里流动出来；如果是学校刚出来的，他会对外面的世界抱有好奇，稍有不顺他会惦记着换换环境，换换手气，这都可以理解。

况且，即便是我从内心对员工充满关爱，也无法保证各级管理人员也能如此，回过头来看，对有些事情的处理，我也感到有值得检讨的地方。

管理水平在提升过程中的公司，与同样需要提高素质的员工之间，总是难免产生感觉上的错位。试图消除所有的感觉错位，既不可能，也无必要。整个国家都处于变动组合的过程中，这个年龄段孩子们的家庭与生活更是处于快速变动期。今天还在这个城市，明天可能就要撤离，何况劳动合同法也不鼓励员工持长期合作的观念。

所以，我所能做的，就是从自己做起，通过自己的真心真意去影响员工，让彼此共同珍视这一段合作时光。

我常讲，“十年修得同船渡，百年修得共枕眠”，我与员工之间有着前世几十年的缘分，珍惜并修好相互之间的今世缘分，将会给包括今世在内的未来时光留下更好的合作空间。

有了机会，尽可能帮对方打通思想关口，找出工作方法。“言传”加上“身教”之后，如果我感觉到对方还有有待探索的空间，或者对方依然不是太理解，那么再在规定的规则之上“用事”来谈。在用事谈的过程中，适当时候也可以再用语言“点一点”，但总体上不再强求一个设定的结果。能到哪步算哪步，世事无常，只求得双方有一个适意的合作结果吧。

所以，公司不再对辞职的员工反复挽留，也不再设定什么竞业限制，对新来的员工也不会寄予特别高的期望。但是有一条，如果员工表现出与别人不太一样的地方，我一定能感觉出来，如果是好的，则给予更大的信任和舞台。

我总认为，将人从“50后”一直划分到“90后”，给不同年代的孩子贴上不同的标签，是一种不合理的误导。实际上，不同年代的人存在不同特点，是在不同年龄段对人生的认识程度不同而产生的。

我们企业这些十七八岁往上10岁左右的年轻人，与我当初这个年纪时的懵懂、自信而又易变一样，没有多少区别。只不过我们处于这个年龄段时，谈的和玩的东西与他们现在不一样而已。

因而，尽管对“新型农民工”共同的表现特征有上述认知，可我同样相信，由于秉赋不一，家庭教育不一，遇到的朋友和指点者不一，经历的人文与经济环境不一，他们会有不同的人生结果。10年之后，他们的人生轨迹将会像我们当年的那些同伴一样，有着翻天覆地的差别。

对于他们，我的态度照样是有教无类，不断地坚持“言传、身教、用事谈”，找出他们不同的秉赋和愿望，然后因材施教，因愿使用，力争不埋没人才。

拿捏分寸“用事谈”

对于那些跟随了我五六年、脾气秉性很熟悉、长处和弱点很清楚的干将们，怎样把握“言传身教”与“用事谈”的分寸，是需要仔细拿捏和斟酌的，搞不好就会适得其反。

涿州新店总经理业务能力很强，这强的一面通常会在与各方面的交往中表现出来。除了和上游厂家的沟通中他处于受制约地位，不敢用强之外，在他管理的新店中，员工们都能领教到他的强势作风。在我们这个经过业务和责任分割的联合体内，其他板块的管理者也能明显感到他的强势。

不过对我，这位年轻的总经理倒是尊敬有加，但他常常因对别人不满，或对我提出的不合他心意的想法，向我长吁短叹，等于是在给我施加压力。

对此，我的基本态度是，如果他的强势不是为了一己之私，而是为了将工作搞好，我就可以宽容对待。这就如同足球场上那些技术好的运动员常常会有的毛病——“特别独”。当然，真正的世界级球星，不仅勇于带球进攻，同时也能在关键时刻将球传给位置和机会更好的同伴。

这需要一个慢慢成长的过程。如果把这位年轻的总经理看作是一名市级球星，那么这个阶段就要引导他多传球，要求多与别人配合。对此可能他心里会不很自在，但一定要让他明白，只有更大度更宽容别人，才能走得更远。

所以，每当他找我叹气时，我是既坚定地指出他思路和做法上的不足之处，又认可他提出的合理诉求，帮着他去解决问题。

在应对市场危机的两年中，年轻总经理的业务能力表现不俗，在管理素养上也有很大提升。我觉得只要他能够做好的事，就全权放手，一方面可以让他更快成长，另一方面还可以测试出他的问题所在。

2012年底，我们俩一起到合肥的厂家出差。空闲时，我问了他一个问题：什么叫厚德载物？或许问题来得突然了些，他显得没有多少思想准备。

对于“厚德载物”的含义，我也是经过一段时间的思考，才有了较深入的理解。

“德”，是说一个人的德行。可什么样的德行才称为“厚德”呢，就不太能准确定义了。我琢磨“德”的字面意思，就是考虑别人的利益而自己心安。

在这个世界上，考虑自己的利益是正常的，也是容易的，对于容易的事，社会一般不作特别的提倡，社会要宣传和提倡的，往往是人们不容易做到的事。让人考虑别人利益而自己心安，这事不容易办，所以就想了个“厚德”的名词来特别加以褒扬。

我让年轻的总经理回忆一下，每次和他交流时，我是不是先问他，我自己是否有哪些地方做得不到位，对他的工作支持够不够，或者有没有形成不合理的干扰。我说，这样做，就是先考虑他在第一线的利益，虽不说我的“德”有多厚，但我是在朝这个方向努力。

如此一来，厚德载物就好理解了。因为那意味着只有更多地考虑别人，别人才会给你更多的办事机会，事办的越多，事业发展的机会才会越大。

听到这番话，年轻的总经理点头称是，但他到底理解多少，行动中又能执行多少，只有“用事谈”才会知道了。

有时候对于有些人，“用事谈”甚至不需要“言传”的辅助。

前面谈到我小妹接手那家亏损店，整个过程中我都只当他们是去接手别人的店。像和家人之外的合作者那样，我们彼此分得很清楚。

当时，谈判主持人是公司的其他股东和旁人，所有决策是公司决策者坐在一起商量定的。我们这一方提供的条件是股东们都能接受的，只要小妹认真经营，是能够打翻身仗的。

我从未去安慰他们。他们接手亏损店时的光景，不像我当初创业时那样白手起家外加孤立无援。小妹在公司里担任了多年高管，为人处世也有强势作风，如果我不这么做，他们很容易对我产生依赖。而正是这种依赖，是那家新店前两年一直未能很好发展的关键原因。

后来我听说，小妹最困难的时候，只要一讲到经营上的难题，就在家里掉眼泪，怪我不理解他们，怪我们公司不帮助。我让夫人找小妹谈谈心，嘱咐她不要透露是我的意思，只对他们讲，许多想法都是误解，相信一定能过去。

年底，我们到安徽厂家开年会，在九华山和一位佛家人一起吃饭。估计是佛家人的一番话，触动了小妹的心事。饭后公司几位负责人聚到一起聊工作，小妹突然冒出一句话：“本来我今天是想要讲许多事的，但现在我觉得全都不要说了”。

看到她完全释然的样子，我觉得真正经得起敲打的人，可以完全只是“用事谈”，就能将大事办成的。

可我同时又感到，“用事谈”这功法的力度很大，副作用也太大，多数情况下还是要加上“言传身教”之类的糖衣包裹一下，可能更容易让人接受一些。

07　识根器，辨才情

2012年底，离北京汽车限购政策的推出，已经过去了整整两年。此时我在安徽黟县对这场市场危机进行的总结，也有了一个初稿。

四个月以来，我几乎每个月都会到黟县待上十天半个月。之所以有这些闲暇时间，是因为我已将老店维修服务业务的管理权交了出去。

接任维修服务事业部总经理的是一位年轻的女员工。

六年前，我曾回母校招聘了几位本科生和硕士生，各种机缘和合之后，只有她留在我们公司。她几乎在公司各个部门都历练过，市场危机后我把她调到售后服务部门，就是准备让她来接手这里的业务管理。

一年多过去了，我对她的考察进入到最后阶段——让她和一位管理维修车间出身的中层干部搭帮，全面接手那里的管理。

我打算在2012年底前的这几个月内，对这两位管理者分别考察后，再给他们一份事业前程。不过，这只是我心里的计划，他们当时并不知道。

“根器”大小与“才情”高低

应对市场危机的600多天里，只要不出差离开北京，我上班的地方就在老店维修厂那间简陋的小办公室里。

如果将我们这家小公司应对危机的全过程编成一出话剧，剧情以我们的决策为主线，毫无疑问我那间小办公室，就是舞台上的主背景。

尽管我总是习惯到工作第一线去察看，去和工人多进行交流，但是现场看到的问题还是要拿到办公室来研究解决，涉及到公司的战略调整和人员安排，都要在办公室进行。这两年当中，我只到原来的公司总部办公室去过两次。

如果将我的决策划分一下，真正涉及到事务性的所占比重并不太高。这主要得益于管理队伍已经初步成型，他们报上来的事，只要我拿个主意，他们自会去办理。只有一个方面的事，他们不大好解决，那就是人的问题。所以，这两年在我的决策事项中，大约六成左右是人的问题。

用什么人去干什么事，什么人有什么能力，怎样去培养，什么人有什么思想问题如何去解决，还有什么人品德上的瑕疵怎么办，什么人的性格缺陷怎样使用，这些全都是中层管理者头疼的问题。碰到过不去的问题，他们只能找我要答案。我自己还得考虑这些管理者怎样使用的问题。

这两年集中思考的结果，使得我创业以来头脑中一些模糊的东西逐渐清晰起来，系统起来。如果说“天生我材必有用”意味着人人是人才，可为什么又四处都是在喊“才难”“人才难得”？为什么有些看上去有小才的人，不能为人所用呢？

这里面有大学问。

维修服务事业部总经理上任不到一个星期，车间主管就来辞职。让新任总经理感到可气的是，辞职者此时说话的口气，像是终于得到解脱，还有某种幸灾乐祸的成分，好像就等着看公司的笑话。

以往这种情况是不多见的。所以总经理感到困惑，难道人在离职的时候，就这么容易暴露自己性格中固有的东西吗？

这种现象其实是正常的。一旦人离开对自己有约束力的环境时，就会有这种短时间的解脱感。

许多人一下班回家往往把鞋子随便一丢，整个人瘫在沙发上，不愿起来，一副放任自由、随心所欲的样子。其实，并不是自己已经筋疲力尽，而是没人管束，就觉得没有约束自己的必要了。人往往就在这时候，个性中不那么阳光的东西就容易释放出来。

社会，就是大家既分工不同却又相互依赖的所在。要想大家能接受自己，就不能只做利己的事情，否则就不大容易顺利融入社会，就可能被社会所抛弃。

这方面古今哲人们都有很多论述，劝诫人们要管住自己不那么阳光的一面。相对宽松的管束，允许人有些不善之念，但在行为上不能表现出来，所谓“讲行不讲心，讲心天下无完人”；而较为严格的约束，则要求人在私底下，独处的时候，都要管住自己，尽量不要产生恶念，也就是所谓“慎独”。

有职场专家告诫离职者保持好形象，有一个秘诀称作“慎终如始”。就是临别时要像刚入职时那样谨慎言行，不然就会给自己留下不良的口碑。

人在对自己约束力不大的环境中，往往表现出自己本我的形象。这时的表现与他的根器是较接近的。

一个人的根器如何，是我近年来用人时越来越重视的因素。

虽然很难给根器下一个准确定义，但我感觉，根器好至少有几方面的内涵：是否有灵气，有很好的悟性；是否爱琢磨，对自己岗位工作有扎下去钻研的劲头；是否情商高，能和同事很好地沟通交流；是否私心少，对自己利益看得不太重。

当然，各方面素质都优秀的人很少，但我认为一名优秀员工至少得有“悟性好，爱钻研”这两条。如果加上“情商高，私心少”，那就是既有才又有情，是优秀管理者的苗子。

一般来说，员工对于企业的价值是应该从“根器”与“才情”两方面来考量的。

可惜的是，公司这位离职主管只有初中文化程度，平常宁愿多干些体力活，也不愿去读几页书。虽然人很机灵，却一直有不爱动脑筋的习惯。这大约可以说是他的“根器”吧。

至于他离开时所表达出来的情绪，则反映了他内心一直存在的对企业的感情，这就是“才情”。一个正常人都会具备些才能，他愿意在工作中使用多少才能，就是他对这份工作的“才情”。

天雨虽宽，不润无根之草

根器在工作上的表现同种子差不多，不同根器的人去做同样的工作，工作绩效真的不一样。这就像不同的种子种在同一地点，长出的植物完全不同那样。

许多年以前，我一直认为众生平等，在工作上坚持“有教无类”，以为英雄不问出处，不管什么素质的人只要给他机会，悉心培养，就会成长起来，取得的业绩不比任何人差。但几年实践下来，我屡屡发现，有些人无论你采取什么样的措施，他就是无法达到你期望的水准。

于是，被现实敲得满头是包的我开始怀疑，难道佛家所讲的“众生平等”在浮华世界并不适用？难道前人总结的“有教无类”并不真的存在？

后来我才意识到，“众生平等”与“有教无类”都是强调对人要有“仁者之心”。从人格角度来讲是众生平等，从普及教育来讲对所有人都要肯于施教，但是对于不同的根器，受教的结果也会不同。正所谓“天雨虽宽，不润无根之草；佛虽有心，不度无缘之人。”

当初选这位小伙子当车间主管，我是心有疑虑的。

从根器上看，他有悟性，可对工作并不是很爱琢磨。作为普通员工时，他与大家伙儿的关系还不错，但当上管理者之后，把管理规矩往员工头上套，“紧箍咒”一念，能不能与工友搞好关系就不好说了。只是由于他的经理力荐，说这小伙子特别愿意来挑担子，加上也确实没有更好的人选，所以我也就同意了。

刚上任时，这小伙子满怀豪情，可时间还没超过3个月，我就看到他眼里的光开始暗淡下去。我找他来询问，是不是碰到困难了，他回答说，那些工友就欠恶人来管。我到车间听工人聊，说他官架子很大，只会发火指挥人。果然出现了我担心的那种情况。

后来我又找他谈，仔细教给他如何进行现场管理，如何与工友形成合作的局面。谈的时候，他是两眼放光，可一回到车间就又眼光暗淡。几个回合之后，虽然我还在鼓励他，但心里知道他是撑不下去了。

这小伙子当车间主管之前，他的一位工友也干了几个月的主管。当初选主管时也是这两人都来竞争，先选了年纪大一点的那个，没想到干了几个月就干不下去，提出自己不是这块料，要求恢复员工身份继续干活去。

这一回，又轮到这小伙子干不下去了。他觉得再回去当员工，面子上过不去，一定要辞职。小伙子辞职的时间节点，刚好赶在维修服务事业部总经理上任，新任总经理也就刚好领教了他的不敬。

我对这小伙子倒是很能理解，其实他的不敬之词，多半是掩饰自己的挫折感。这种挫折感既源自公司选人不当，也证明他的根器不足，光有意愿，没有很好的根器，难以获得大的成长和工作成效。

“情”往往决定“才”

还有的人，看根器不错，称得上是个人才，却不一定从心底里“情愿”为你所用。在这种情况下，是“情”决定了“才”能否发挥作用。

刚上任的维修服务事业部总经理虽是公司早就选定的人选，但她因为怀孕生子，差不多一年才上岗。在她没有到岗的这段时间里，公司把栽培重点放在了另外一位刚进入公司不久的女经理身上。当时，有位公司领导一直抱怨没有好用的中层管理人员，我鼓励他自己去引进素质高的经理。后来他推荐了这位女经理，是从他上一家任职公司请来的。

一个月之后，各方面对她的评价不错，认为她说话有条理，做事有板眼，似乎真的是公司缺少的中层经理人才。所以，我特意把她安排为几位经理的领头人，有些还在酝酿中的计划，也会先征求她的意见。她提出来的建议多能得到公司的支持，对于那些不是特别适合的建议，我也总会耐心地向她作解释。

她分管的保险业务，涉及整个业务链流程。从客户投保到客户出险理赔办理，一直到客户出险车辆的钣金喷漆维修。我看到出险车辆维修环节的管理水平不高，就到现场帮她去梳理流程，分析问题出在哪个关键环节，可是效果并不明显。

有一次，喷漆车间员工违反操作规程，导致漆房着火，整个维修厂险些酿成火灾，我感到车间管理真的不是她的强项，就将生产管理这一块调给其他经理，让她集中精力做柜台管理，负责客户保险投保和出险理赔手续的办理。

这位女经理给人的感觉是，尽管年纪不大，还是比较有主意的人，挺能团结自己部门的下属，只是轻易不向上级讲自己的真实想法。

后来，我尝试开展全品牌服务计划，主要交给她来实施。她的回应，既不热烈响应，也不反对，而是就事论事地反映下属的情绪，说他们怕业绩考核指标高，怕收入降低等等。我请她考虑一下，是否愿意可以投些资金到项目中当股东，可过了约定时间，她一直没有给我明确的答复。

我和副董事长请她吃饭，想了解她下一步的职业打算，席间她谈到对公司还是认可的，短时间内不会有离开的打算。

尽管如此，“用事谈”让我已明白了两点：一是她对全品牌汽车服务计划缺少信心；二是她也不大可能为了公司这一工作做出较大利益上的牺牲。

再后来，我引进了一位对全品牌计划信心极大的媒体人来担任副总经理，由他全面负责这项业务，这位女经理继续留在副总经理手下协助工作。结果互相矛盾逐渐多起来，当女经理手下的人员纷纷辞职，整个部门失去信心的时候，副总经理提出自己来兼任经理，让女经理到下一级去担任主管，或转到其他部门担任经理，女经理随即提出辞职。

回过头来看，先撇开根器不谈，女经理属于职场中那种特冷静的经理人。

对于就职单位，冷静的职场经理人一般保持凭本事吃饭的心态，特别注意保护自己，和单位保持一定的距离，是他们表现出来的基本“才情”。

不能说这种“才情”有什么不好，但要想用好这样的人，需要公司的各项条件都比较优越、员工们可以按部就班、各司其职。通常只有大企业、大单位能够这样来用人和办事。

但对于那些需要三军用命、咬牙坚持的小企业或者开拓性的事业来说，这样才情的人才，显然难以满足用人单位的要求。

用错地方的才情

顺便提一下那位媒体人出身的副总经理。他属于那种根器上等、有才也有志的北漂一族。

10余年前，我还是《民营经济内参》杂志的主编，当时南方一家知名都市报的驻京负责人来找我合作，促成了我们在东莞联合举办了一场民营经济论坛。论坛的效果不错，由此我和这位负责人也结下了友谊，此后多年都保持联系。

有一年，我正在西南考察汽车市场，而他正好有空闲，就约他从重庆一起坐游轮顺长江而下，饱览两岸风光，行程两三天，一直到宜昌登岸。

此后，他换了几个东家，时间都不太长。但我一直都坚信他是一个能干成事的人。2011年，他再次面临工作转换，正巧我原先工作的内参编辑部主编职位空缺，就推荐他出任。差不多又过了一年时间，他对那里的工作产生了不适应感，我正希望找一个高手来推动全品牌汽车服务计划，于是邀请他来挂帅。

这一次我们彼此都很慎重，前后花了几个月时间，讨论了好几次，并且让他自己反复去考虑，最后他郑重决定加盟，出任公司副总经理。

可惜的是，由于人员、思维模式不协调等原因，他分管的部门人心浮动，纷纷跳槽。半年过后，为开展这项新计划而组建的队伍基本上“不欢而散”了。

怎样看待这次全品牌汽车服务计划的失败？

首先我认为，这是一项开创性工作，尽管我和他都认为此计划的市场需求绝对是存在的，但是相应所需要的人才和资源，特别是中层经理和主管的认知与执行力，都无法有效支持。

因而，自始至终我都不认为副总经理应该对此次失败负责。相反，我对他敢于承接这样的开创性工作，也就是这种“才情”，一直是赞赏有加的。遇到开创性的工作，对领导者的根器和才情的要求也就更高。所以在他有挫折感的时候，我总是给予他真诚的鼓励和宽厚的理解。

说到这位副总经理的根器与才情，当然无须怀疑，问题是他的根器与才情还留在媒体界，不能适应转行后的变化。后来私下在一起讨论的时候，我告诉他，没有从“媒体人”真正转身为“企业人”，可能是他此次失败的一大原因。对此他深为认同。

拥有上等根器和优秀才情，如果用在不合适的地方，那也让人很受伤。就这一点来说，我要为把兄弟引错了道而表示歉意。

同样的错误，也发生在另一位小伙子身上。

但这回引错道的人，是那位被我引错了的副总经理。有一位小伙子，因为要来京和女朋友共同生活，找到了微博粉丝量很大的副总经理，当时副总经理在微博上发布了招人信息。

小伙子一番诚恳的自我介绍，让我们对他产生了兴趣。他与女友居然是小学时互相写信的笔友，就是那种看到《小学生作文》上的作者，写信去讨教学习方法的笔友，以后就经常联系起来，到了大学阶段俩人发展成恋人关系。这样的故事听起来比青梅竹马还让人感动，所以我们也愿意促成他赶快来北京。

这小伙子毕业于名牌大学，在南方一家民族自主品牌汽车企业工作了5年，既搞过汽车设计，又当过区域经理，对我们这样的汽车店不陌生，更不存在副总经理那样跨行的问题。唯一的问题是面临从厂家大机构向小企业管理环境转型的问题。但小伙子态度很干脆：“事情难不难，主要看你愿不愿去真心实意干！”

我喜欢这态度。

工资待遇他也还算满意，这是副总经理建议的标准，并且比副总经理和我的待遇都高。职位上，采取了稳妥一点的方法，给了他一个低于副总经理、高于中层经理的运营总监头衔。

当时我们已经意识到，要做好全品牌汽车服务业务，一方面要副总经理率领的那帮人马将客户拉进来，另一方面还要有一套客户接待、咨询、维修生产和后续服务的高水准管理运营方略。如果运营总监能把客户进来后的各个环节都管理到位，让客户满意，形成良好口碑，扩大市场将是水到渠成的事情。

正当干事的而立之年，名牌大学毕业，为人诚恳干练，又在大型汽车企业工作过，对汽车行业熟悉，所有这些都让我对他寄予了厚望，期待他能在两三个月之后整顿好管理薄弱的维修厂，也打开支撑全品牌服务的内部运营新格局。

三个月时间刚过，小伙子就沮丧地来到我的办公室道歉。

他说，原先在厂家当区域经理时总是不理解，为什么加盟的汽车店不能按厂家要求完成任务？在这里工作的这段时间里，才知道一个汽车店的运营是那么不容易。

或许是过去把汽车店的工作看得太简单了，最后他由衷地说了一句："现在回想起来，我们厂家当时对加盟店的许多政策和做法，真有许多是不道德的！"这些话，似乎和辞职的话题关系不大。但我明白，他想表达的是，他无法挑起公司赋予他的担子。

我不相信他没有工作与学习的根器，只是他的根器原先是在大机构中养成的。好比是一家大饭店里的伙计，习惯了在大厨房里洗一小部分碗碟，到了我们这里，就要参与从采买、切菜、做饭到收拾整理的全过程，这的确需要一个大的转变，也需要相当长的时间来完成这个转变。

看起来，他还没有为这个大转变准备好，尤其是没有长时间浸泡的才情准备。

根器好才情顺，迟早会有大格局

私营企业的最大软肋，就是人才不足。作为私企与民营经济的长期研究者，我观察过许多大型的私营企业，人才问题是普遍现象。

至于像我们这样的只有几家汽车店的小型私企，在产业利润链的位置如同甘蔗末梢。事业平台小，能够用于支付工资待遇的利润空间不大，相应对人才的吸引力也就微弱，如同太阳系最外围，只能吸引冥王星之类的小个头。

前来应聘的，一般都以为这里和别的普通企业没什么不同，进来了不会觉得有多大荣耀，离职了也不会有多大的后悔。

更为深刻的缺陷是，他们通常认为，这是老板的企业。在他们的意识中，老板总是只顾自己赚钱，将员工和客户的利益摆在脑门之后。所以一旦他们进入企业，也基本上不会将企业的利益摆到脑门前面。即便是有些才气的员工，也可能不会对企业和工作有特别负责的才情。

这可以说是私营企业老板与员工之间天然的矛盾。这个矛盾虽然很大，但也不是死结，我这些年摸索过来，大致知道了打开这个扣儿的路径。

打开这个扣儿的前提，首先得在员工中找到那些根器好、才情顺的苗子，使他们团结在企业和老板的旗帜下，在整个员工队伍中发挥粘合剂作用，整个企业就会逐渐呈现出良好势头来。

北京限购政策推出将近20个月的时候，公司的销售业务已经基本恢复到限购前的八九成。

收购的那家新店运营也将近半年时间，业绩上升势头明显。原先的公司虽说已被分割成不同的股份组合，但对外仍以同一家集团店的面貌出现。虽说老店售后服务部尝试进行的全品牌汽车服务计划宣告失败，但大量的客户依然对我们不离不弃。

考虑到只面对老客户的业务将是一个长期稳定、追求客户体验的过程，并不存在开拓市场的巨大挑战，我决定将其改组成维修服务事业部，并且交给能够扎下根的年轻人去独立管理。这一管理者人选，我认为一定是能够把自己的根器和才情统一到企业利益之下的人。

有人将大学生毕业后的事业成长分成三个阶段：26岁到30岁之间为工作学习期，30到35岁就是快速成长期，之后就进入工作成熟期。

6年前，我回母校去招聘毕业生时，在本科生与硕士生中分别确定了一位联系人，现任维修服务事业部的总经理，就是当时的硕士生联系人。刚到公司时，她先是被安排在维修服务部工作。那时，维修服务部门的工作条件很差，整个公司对这块业务并不很重视，加上缺少得力的现场管理者，服务水平、管理与人才之间互相制约，处于低水平的胶着状态。

当时公司的想法是，让她和一个本科毕业的大学生一起进入售后服务部门，期待他们能够逐渐形成新生力量，推动这个部门向上成长。

没多久，就听说这女孩不简单，她在大冬天赶着做数据报表时，冻得一边掉眼泪一边工作。我们领导层听了这事，觉得维修服务部的条件差，可能不适合她，就将她调到综合管理部门。留在维修服务部的大学生小伙子，则在半年之后，觉得没什么前途放弃了坚持。

以后的几年里，这姑娘在公司有了多个部门的历练。总体上，她有两大优点让公司领导比较满意：一是对于交付她的工作和任务，在接受之初虽表示心里没底，但真干起来的时候就很投入，一心想办法往前推进，很少返回来向领导“交白卷”。二是没听说她在私下场合发公司的牢骚。碰到有想不通的事情，她会在合适的场合与相关领导沟通，也没听说她不安心工作，要跳槽什么的。她对公司的利益也很关心，对公司的关爱也能体会到。

公司方面看重她的根器，一方面，觉得可以不断向她压担子。因为不论生活中遇到什么不顺心的事，她很少把情绪带到工作中来，也常常谦虚地承认自己的短处，这让公司对她很放心。

另一方面，也知道这孩子的自信心有些不足，管理别人和现场管理的素养还有待提高。但我认为，只要基本根器具备，愿意去钻研工作，又有急公司之所急的才情，就可以往她的肩上压担子。

一个人的成长，我觉得是一个“和面”理论——给一个更高的岗位，让她在这个岗位上将能力不足的部分补全，接着再给更好的机会——整个程序如同“面多了加水，水多了加面”的“和面”过程。你总会在加面后觉得缺水，在加完水后又觉得缺面，只要你“加”得得当，人家“和”得认真，迟早会有一个大格局。

所以，公司总是在她的能力达到之前，就给她一个更高的职位。除了是因为对她信任之外，也是考虑给其他员工做一个示范。让大家都感到，只要有根器，对公司有才情，那么公司就会给你相应的成长空间。

多数情况下，她都能够通过一段时间的努力，将公司多加的“面”圆满地给“和”好了，证明公司对她的信任是值得的。

到了北京限购政策之后的第二年春天，她把未满周岁的孩子留在老家，赶回工作岗位。

这一次，她不仅一手挑起直接与客户打交道的部门工作重担，还帮着我管理维修服务业务，工作中表现出更多的自信，工作理念也比以前有了提升。

当年在售后服务部边哭边工作的那个女孩子，如今成了运作协调各类事情的部门经理人。这样的转变证明，人的成长，只要给空间也给时间，自己有根器用才情，过不了几年就会有大变化。

半年之后，在确定设立维修服务事业部之前，我和她商量，由她来担任事业部总经理。这一次，她没像以往那样表现出担心和犹豫。

她考虑了几天之后，专门来找我，问能不能将原定的交接时间提前一些。

主动要求多加担子，早加担子，这样的干部真的难得，我当即同意了她的要求。

事业成功方程式

在任何行业，成功者永远是少数人。

而如果从环境方面去找一个人成功的因素，当然机遇的成分会大一些，这一点大家看得很真切。与成功者各个时期的条件一比较，我们总会觉得他们获得了更多的上天垂顾，但这样的对比，有时会让自己对成功失去信心。

因此我常常会从另外一个角度去解读成功，成功有大有小，不要去比那些很大的成功者。这倒不是说他们的成功不算数，而是他们的成功是有限定名额，或者是有比例限制的。比如说国家主席一届只有一个，大型企业的老总也只有一段时间才换一个，就是各个行业排行前几名的企业也只有几个，还经常会一不留神，就落个破产倒闭，成为媒体挖掘败局内幕的反面典型。

不如比一比周边的每个人，看看那些同样出身、同样工作、同样环境的，为什么几年过后，大家就有了差距。我认为这样的差距，多数情况下都是源于每个人自己的努力，只是许多时候没有意识到而已。

差距的根源，一方面在于每个人的根器。每个人的聪慧程度不同，对事情的理解不同，相应就会影响各人的办事能力。但我认为，这种差距只占成功因素的少部分，最多也就占两成的比例。

另一方面，还在于每个人有不同的心态与愿望。不同的人，对待同样环境条件下的事情，会有勤奋和懒惰之分、公道同自私之差、好感与厌恶之别，就让自己对此事产生了正面或反面的才情。

当一个人的才情懈怠，成天用懒散、自私和厌恶去应对自己的工作，结果要么是离职，要么勉强留下来，绝不会有什么成就感。工作一到他那儿，就像一头蒙面毛驴推着的磨盘，毫无生机地原地打转。

相反，如果一个人对工作保持积极的才情，采取勤奋、公道与热忱的态度，时间就成了他进步与提升的阶梯，每一年回过头来看看，都会感到自己提升了一大截。

如果盘点一下，应对市场危机而涌现出来的干将们，从独立出去接手亏损店的小妹，主动投入资金加入创业的原销售总监，到后期接手老店维修服务业务的硕士生姑娘，他们都保持着一种积极进取的心态，是一种向上的才情。

论成功，他们并没有建立什么惊天动地的超凡伟业，但正是他们的努力，公司才走出了市场危机。

从我这个公司领头人的感觉来说，渡过这场危机，比我最初预计的要轻松许多，所以20个月之后，我能够从公司的各项业务中完全抽身。

佛家说，万法皆心法。也就是说，才情解决了对工作愿与不愿投入的根本问题。对于我们这类普通企业来说，人的根器要求并不是特高，才情才是影响成功的主要因素。保守一点估计，才情在员工和企业成功的因素中，也应占到五成的影响力。

如果要编写事业成功方程式，我认为应该是这样的：

【50%的向上才情

+ 20%的根器

+ 20%的事业根基

+ 10%的贵人相助】

×时间

= 100%的成功。

后来，前文提到的那位硕士生姑娘转发了下面一条微博，问我是否赞同这一说法。

“成功就是，

二十几岁时，给优秀的人工作；

三十几岁时，跟优秀的人合作；

四十几岁时，找优秀的人给自己工作；

五十几岁时，把别人变成优秀的人！”

这条微博说得很有道理。想想自己的事业轨迹，我有点自鸣得意，认为自己多少验证了这条微博所描述的规律。当然，前提是优秀的人和想变成优秀的人，都有着向上的才情和一定的根器，而我将尽力提供事业根基去助人成功。

“你负责貌美如花，

我负责使劲来夸！”

和这句网络语言所表达的愿望差不多，在助人成功上我的口号是：

“你负责才情根器，

我负责真心相助！”

下篇

商之道

08 商道人心，同修共证

回顾这两年的时光，我将市场危机归结为几大问题，并且一一找出了答案，问答之间，就走出了危机四伏的困境。

这几大问题是：

公司是否继续走下去？

公司走下去要采取什么战略？

日常事务要靠什么人来盯？

对于这些问题，在前几章我都已作出了回答。

剩下的两个核心问题就是：

公司如何才能提高凝聚力?

如何才能提高对客户的服务水平?

这两个核心问题，其实可以归到一个主题，也即通常所说的“商道”。我认为商道也并不是什么特别的东西，它实际上就是围绕着“人性”而形成的规律。

因为人分工不同，能力大小不同，所涉领域不同，所拥有的资源与智力有差别，所怀愿望的不一致等等，才需要通过交换来应对这些不同。这种交换，就是生意。大家看到的生意，其实就是资源在不同人掌控之下的倒腾。这倒腾也是在人的愿望控制下进行的。人的愿望，也即人性，人性也即人心。

所以经商即是经营人心，商道即是心道。

不过，人类目前最大的难题，不是如何进入外太空，不是到万米之下的大洋深处，也不是可持续发展，而是如何做到“安心”。

距今2500年前后诞生的几大宗教，如佛教、儒教、基督教、伊斯兰教等，都是为了解决人的安心问题的，至今仍在为了人的安心而苦口婆心，谆谆教导。

佛教禅宗传到中国以后，二祖苦苦求见达摩祖师，要解决的第一个问题就是：请给我安心。而祖师的回答是：请给我心，我来替你安。这个答案至今让信众们不知道该如何准确理解。

宗教问题且不去管它，可如何把握住“人心”，让“商道”平平安安且又财源滚滚，却是所有生意人日想夜盼的愿景。

从现场看人心

2012年5月23日下午3时左右，我抽空去看公司现场。

此前中午12点时，物流公司的卡车给我们运来了配件。此时车间里有两台车正在等配件安装，我就催配件管理员赶快将那待装的配件找出来，给车间送过去。库管员对我说，放心没问题。

3个小时过去了，我想，那两台车应该已经装配完成了。

可到现场一看，我就动了气。那两台车依然静静躺在工位上，上面的灰尘表明，这3个小时没有任何人来动过它们。

自打一年半前到维修厂，我就按照在江淮汽车厂学到的，对生产现场给予特别的关注，又反复看了几遍《丰田生产方式》，结合自己一年多来的体会，对现场管理又有了一些深的理解。

在我的观念中，就如同日本人稻盛和夫所讲的，工作现场处处有神明，每天都应该去拜到，否则就显得不够恭敬。此时此刻，看着工位上待修的两台车，我仿佛看到了车间的神明正在生气。

于是，我将管维修与配件保障的经理、配件库房主管、两台车的维修技师一起叫到车辆跟前，询问为何还没有进行修理。

配件主管答复说，有一台车的配件到齐了，可这台车的维修技师今天休息；另一台车所订的变速箱4个弹簧只到了3个。显然，从经理、配件主管到修理工，都没把为客户修车当成是争分夺秒的急事。

我忍住没有发火。我先要求维修经理赶快安排别的技师，对那台配件已经到了的车马上进行装配。接着，我按照《丰田生产方式》书上所说的，对发现的问题要连问五个为什么，然后开始询问另一台车的情况。

原来，修理工在开始拆解变速箱时没有作全面检查，只是将发现损坏的配件报给配件主管去订货，等到所订配件到货开始安装了，才发现弹簧也有问题，不得不二次追加订货。而这种弹簧属于不常用的配件，供应商设在泰安负责专供的中转库里只有3个，剩下来的一个要从总部发给泰安，然后才能再转发给我们，时间需要再加四天。

我努力在控制怒火，但感觉到自己已经换上了“急脸”。我家人曾说过我，每当我摆出这副急脸时，脸色挺吓人。

好在还没有吓到大家。我批评他们，没有将客户的事当成自己的一样去对待，大家一商量，联系了供应商总部，人家同意将那个恼人的弹簧由合肥直接发送给我们，这样可以节省两天时间。

紧接着，我对经理和修理工提出要求，要想办法让修理流程和技师们的意识里绷根弦，在拆解时就将故障摸排全面，这样才可以保证配件一次性订准，不至于二次订件，好给客户节省更多的时间。

当然，这根弦不是那么容易就能安到流程和他们脑子里的，这也是公司培训中要来解决的问题。

从机修车间出来，我将整修车间主管喊到一辆雪铁龙爱丽舍跟前。

3天前我例行转现场时，就看到几位业务人员一起对着这台车讨论，怎样才能既满足客户的要求，又能合乎保险公司的规定进行定损。当时我还凑过去给他们出主意说，让客户改变一下想法，不要修得过度。可为什么这几天车一直摆在这儿没动静呢？我表示疑惑。

整修车间主管说，还没有接到前台下派的维修工单。

是客户不同意？还是保险公司过不去？我让他去将管前台的经理和理赔定损员，还有替客户验车及上门接送车辆的车保部业务员都请来。

没听几句，我又换成了一副急脸。

业务员说，他把车钥匙已经交给理赔定损员，由定损员去办理下一步维修和理赔手续，所以不知道现在这台车处于哪一个环节。

定损员说："你到现在都没把客户的行驶本给我，我根本没办法办手续啊！"

业务员说："行驶本不就放在车里吗？你们直接取嘛！"

定损员说："说得简单，谁知道放在车里什么地方？你两三周前让我办的那台宝马车的理赔，到现在还没有给我客户行驶本，害得我都没法向保险公司报手续！"

……

我知道，这是企业很平常的一件不能正常高效运转的事例。让我撞见了，通过带领管理人员去研究问题的出处，他们也许就能改变管理模式，长久下去也就能改变具体办事的员工。

可我依然很恼火。

因为这一天，距离北京汽车限购政策出台已经整整一年半时间。我倡导的员工之间要"热情微笑，积极支持，规范做事"的意识和工作原则，在这两件事中全都没有得到体现。我一直主张，管理人员要在现场、在第一线随时发现问题，解决问题，在这两件事中却完全看不到现场管理人员的作用。

我曾经在2012年初把修理厂院子里那块大幅广告牌的主题改为"让客户满意，让同事高兴"。可从这两件事看得出来，一碰到稍微难办一点的事，客户的满意和同事的高兴，都可能是个不易满足的指标。

让员工意识到“这是我的公司”

商家要想生意好，就要“让客户满意”，而直接面对客户的都是员工。按理说，员工们应该很愿意把活儿做好，让客户高兴，可实际情形往往不是这样，他们一旦碰到一点小难题，觉得这个难题跨不过去，往往就会停下来不动。其实，多数时候不是工作之难，而是“心”难——他愿不愿意稍微去努力一下，哪怕是举手之劳。

刚进入服务维修业务第一线时，我看到厕所地面脏，只要用拖把一拖，两分钟就搞定。地面上客户丢的烟头，弯腰即可捡起，为什么员工们连这举手之劳都不愿做呢？

我以为，一定是原来的管理者没有提这些要求。

可是，当我提出了要求，也一直身体力行，为大家做示范，结果大多数人还是没有照做。

于是，我对比研究了一下，少数去做的那些人，与那些不愿意去做的人有何差别。结果发现，那些做起来的少部分人，平时就比较好说话，比较注意给他人方便，而且不少人是担任管理职务的。就是说，他们平时就比较注意大局，愿意承担责任。.

其实，地面脏、有烟头，同样是摆在每个人面前的问题，可在每个人心中产生的意念却是不一样的。心已经为他们作了方向选择，正所谓“起心动念”。

按道理说，起心动念只是念头一闪，比起举手投足这样的事，还要简单和省力，但每个人的起心动念，都源于自己长期形成的价值观，以及由此影响下的行为取向，想让一个人改变其原有的行为轨道，可不是一件容易的事。所以，起心动念不难，难在改变价值取向。

我成天都在思考，如何才能使“让客户满意，让同事高兴”这一经营理念与员工内心的价值取向趋于一致呢？

商道即心道。客户满意的前提，是员工乐于去做让客户满意的事。通过“将心比心”，我来负责让员工高兴，员工负责来让客户满意。

这样一来，投资人的商道，就是想办法在员工心上修建一条满意之道。

一般来说，普通大众都会非常关心自己的切身利益，而对与己无关的事情则漠不关心，特别是这些事还有麻烦时更是如此。所以，要让员工对企业的事上心，首要的工作是要让员工认识到“这是我的企业”。

古人言，有恒产者，有恒心。如果让员工觉得企业就是他财产的一部分，当然就会有了为企业去克服困难的心情。这种心情，也就是我前面所讲的才情。

作为私营经济的研究者，我看到私营企业最核心最普遍的利益冲突，就是投资人和员工只把企业当成是投资人的。不知道“老板”这个词最早从何而来，但大家都习惯了投资人作为老板，就是在员工面前“老板着脸”。

想想看，作为老板，随时随刻都拿脸色告诉人家：“这企业不是你的”，在这样的氛围中，员工可能会对“你的”企业有恒心吗？

其实，员工到了某个企业，就是他当下安身立命的地方。他要从这里获取收入，学习工作技能与经验，与这里的同事搞好关系，通过工作与客户、社会实现连接并做出贡献。吃它的，学它的，情感依托它的，这样的地方，还能不算是他的吗？

早先私企研究者曾提出一个观点，认为私营企业的财富再多，也是社会财富的一部分，私营业主其实只是社会财富的看门人。从员工在企业中获取的财富与精神来说，企业是守门人看护的园子，但这园子却是对所有员工开放的。让员工认识到这园子是他的，显然有助于他对园子更爱护一些。

为此，在"让客户满意，让同事高兴"的宣传牌上，我又添上了这样几段话：

我知道，

这是我的企业，

我知道，

怎样去做——

热情微笑，

积极支持，

规范做事。

当然，这话是以员工的口吻去说的。前两句是让员工意识到这个企业是他自己的。后面三句话告诉员工，只要做好"微笑""支持""规范"这三件事，就可以做到"让客户满意"，"让同事高兴"。

后来，我在微博上看到"自己是自己的老板"这句话，觉得很有道理，借用过来，提出"我是老板三原则"，要求员工们以此用来衡量自己的说话、办事和工作。

这三原则就是——

“这是我的公司；

大家都在为我工作；

我是我自己公司的老板，我要对所有想到、看到和接触到的事情100%负责，我要对所有的不足，马上采取改进行动。”

理直气壮要求员工负责

自从提出“员工是公司老板”的口号之后，我在公司归属上有了一种掌握话语主动权的感觉。

以往，员工出了纰漏我狠批，过后就会觉得是不是太在乎自己的利益，有点不好意思；不批吧，员工会更加觉得无所谓，只会越来越懈怠。因为大家都觉得公司只是投资人的，所以老板在时就认真一些，老板不在，有人带头松懈，别的员工也不好说什么。

现在，员工出了问题，我可以理直气壮地对他说，为什么对自己的公司不负责任！我不在现场，别的员工对那些不良现象也可以提出批评，因为公司也是他谋生的饭碗，也有他一部分利益。

有一位员工因为考核而被扣除了奖金，觉得有问题，找管理者说钱拿少了，大家都觉得他讲的没道理，最后他找到我。

我问他，是否发现考核部门对他考核的数据有错误。他回答，没看出数据有问题，但就是感觉奖金拿少了。

我再问他，是否把自己记录的数据与公司的核对了，他说自己的记录不全。公司曾经提出要求，每人对自己的工作业绩要做好记录，此前也对他不认真做记录提出过批评。

于是，我就用批评的口吻说："第一，你没有将公司当成自己的，该做的事不去认真做；第二，也是对自己的家庭不负责任，在外面打工就是为家庭谋幸福，可干了活，却不愿意为一家老小记笔账。"听我这么说，他才承认自己错了。

自从提出"企业是员工的"这一概念之后，也就很容易解决员工对客户尽心负责的态度问题。道理很简单，只有客户满意了，才会经常上门给我们送生意。怎样让客户满意呢，其实只要我们把人家的事当成是自己的事去关心，想他不满意都难。

当然，概念提出来，并不是员工马上就能认同。因为他起心动念的习惯不那么容易改变，对他"心道"的改造需要做很多工作。但有了"企业就是员工的"这一口号，在舆论氛围上就有力许多。

这也是扭转他们"心道"的第一个方法。

处处显示善心善意

投资人大声讲企业就是员工的，表达了企业在正常运转时是"全体员工共有"的事实。但员工是否真正体会到企业是他的，关键还看投资人是否真能把员工当作主人来看待。

最根本的一点，就是看投资人和企业管理层对待员工，是否像对待合伙人那样热情，能处处显出善心善意。

虽说投资了汽车店，但10年当中，我没有真正完成一台车的销售流程，没有修过一台车，没有亲自记过一笔财务账。

我知道，公司所有事务的正常运转，都拜托各个岗位的同事在进行，我所能做的，只是在他们出现问题和困难时，帮助调动资源，找出解决问题的方向和办法。如果这些还不行，再去找新的人员来解决，最后由我来对问题造成的损失“认赌服输”，承担结果。而这些，是每一个私企老板日常扮演的角色。

我明白，如果没有员工们的工作，公司一个小时之后就得关门。所以，和他们见面，我总是要打个招呼，将他们当成合作伙伴，打心里尊重他们。对于姓名是三个字的员工，只称呼他的名，尽量不加上姓，这样更亲切一些。有些从别的公司来的孩子，不习惯这样打招呼，我会耐心地有意多和他交流几次，不多久他们就会习惯。有时我长一段时间没去现场，再到现场时，他们就会问我干什么去了，说挺想我呢。

在现场，发现员工工作中的问题，我会以很轻松的口吻和他们讨论，研究原因以及改进的方法。当然少数时候，我也对那些不能容忍的事情发火，事后我都会再和当事人还有他们的管理者一起，对问题产生的原因进行复盘讨论，顺便跟大家说抱歉，对我的发火不要往心里去，把问题解决掉就行了。

员工们都很享受这有商有量的交流，尽管有人说，我这样管理太软了。

也确实有许多事，我提出要求了，却被束之高阁，好多痼疾长期得不到彻底解决，可这并不能成为改变我尊重员工的理由。

能体现善心善意的地方非常多，首先就在“善的颜”和“善的言”。我们要求员工要以“热情微笑”来面对客户和同事，我就用发自心底的热情与微笑来带动他们。

再就是多考虑员工的难处。

生产车间员工们自己洗衣服不方便，公司联系了洗衣店集体送洗，5元一件的洗衣费公司出大部分，可有少数员工心疼自己出的小部分洗衣费，我建议洗衣费干脆全由公司出了。

夏天生产车间温度高，我们除了投资进行隔热改造，还专门为车间员工提供冷饮。

有时年轻人图方便，操作时不太愿意戴口罩、手套等劳保用具，对此我是严格要求，督促落实。跟他们反复讲，这是为他们将来的健康着想，不要怪我在这上面没有商量余地。

对于改进工作流程、提高生产效率而节省下来的人工费用，公司也主要用于给员工提升待遇，尤其是大大提高了工龄占工时提成的比例，让长期为公司工作的员工享受到更高的待遇。

投资人是不是真正善心善意，员工是很关心的。我平常在公司决不颐指气使，摆老板架子，平时出差什么的，除了特殊情况，一般我都不要员工开车接送。迎来送往，别人送我的礼品，多数我都是随时让员工们拿去分了。

善心善意，有时还要接受一些特殊的考验。比如，一些自私自利、财迷心窍的损公肥私行为。这样的时候，如能想到这是员工碰到克服不了的心理问题，才是更高层次上的善心善意。

有员工开公司车辆出去办事，顺便从油箱里抽油加到自家车里，被别的员工举报。还有管理干部用公司的加油卡去给私车加油，被其他员工发现有诈，提出异议，其他管理者到加油站察看录像，获得确凿证据。

遇到这样的事应该怎么办？按照公司的规章制度，毫无疑问应该予以通报、经济处罚，外加除名处分。公司是大家的，揩油者的行为等于是对其他员工利益的偷窃。

不过事情一报到我这里，我一般会观察他以后的表现，看是否还有类似行为再说。原因有三：

首先，我觉得当事人是财迷心窍了。这事一出，即便只是公司少部分人知道，他们的形象也会大受影响，口碑下降，必然因小而失大。

其次，虽说他们钻了管理的空子，但也促使公司改进管理办法，杜绝下次发生的机会，应该说公司还是获得了后续利益。

第三，他们只是初犯，是一时之间起心动念出了问题。偷窃行为与工作中出错和懈怠的情况不同，如果公开处理，会让当事人颜面尽丢。

有时，善心善意与权威之间，也可能发生冲突。

公司有一位独立负责某块业务的负责人，做事兢兢业业，可就是有些独揽乾坤的劲头。对自己属下范围内的事，基本不让别人多言，当自己板块和别人发生不好协调的事，总是坚持己见，有时还很强势。

我参加他们的部门会议，临结束会应邀做些工作点评，一般我讲完了，那边就宣布散会了，连个表态都没有。而且，我所讲的如果不在他计划范围之内，他也是不大会想着去执行的。

对于这样的下属，如果不是抱着善心善意，是不容易接受的。

首先我认为他是在认真地干自己的工作。如果没发现他们在工作中搞见不得人的猫腻，他们的方法结果不坏，工作业绩总体还不错，那么，也没必要非得按我的方法来办不可。不管白猫黑猫，只要抓住老鼠就是好猫。

其次，他们兢兢业业做事，并且业绩也不错，只要大前提不出问题，对于刚领军的孩子们，我会给予他们修炼提升的时间和空间。要让他们能修炼提升，我更应该树立起修炼的榜样。

所以，每当他们心中有不平来找我时，我先询问对我的工作是否有什么意见，然后再对他们的思路和问题进行剖析，启发他们找到解决问题的办法或者说心法。

在过去两年中，这种怀柔式的管理方式，效果还是明显的，原来几位固执己见的负责人，逐渐都认识到也应省察自己的言行。遇到不太好协调的关系，在我的启发下，他会适当转换思维，考虑对方的关切点，也使彼此重新有了合作的基础。

再一就是，用善心善意对待他们，不是一直纵容他们坚持不对的想法，而是在一些关键问题上，既有循循善诱的劝解，也有坚持原则的批评。只是劝解与批评时，心中总是存着善心善意。

这样的时候，他们也能按照我给出的答案去办事。这恰恰显示出善心善意往往具有渗透人心的力量。

修证学堂的收获

夕阳下，悬挂在门头上的“修证学堂”几个金色正楷字格外耀眼，这是公司副总经理与几位员工的杰作。虽说称为学堂，其实只是一间大会议室。

修证学堂这个名字，来自我坚持的“企业就是商学院”的理念。企业中每天出现的问题，本身就是商学院要解决的课题，而且企业现场的案例比商学院讲授的更鲜活，如能及时得到解决，可以更快提升企业的经营与管理素质。

在学堂里面，讲台的一边贴着“校训”：

“修商道，证人心；

每事问，何精进！”

这是修证学堂的宗旨，也是我们办这家“瑞征”公司的一个目标。

我和学员们集体合影。大家都很兴奋，手拉着手一齐往上举，嘴里连喊三声“开课啦！”站在后排的人，被前排高举的手臂挡住了脸，觉得这样不公平，又提出大家应该再规规矩矩站着照一张。

这是修证学堂开课前热烈的一幕，也就在这天，现场被我连续发现两个管理问题，时间是2012年5月23日。

这次开课叫“修证班”，班名也是来自“修证学堂”的宗旨，由我一人担任导师。我的想法是在夏秋两季分别办两期“修证班”，每周三与周日各有一次课修，工余时间进行。

我想，修证班的核心课题就是要解决两个问题：一个是让学员能树立起“这是我的公司”的意识，另一个是让他们都能按照丰田生产方式，对自己岗位的现场管理流程进行改进设计。

参加首期修证班课修的十几位学员，都来自我直接管理的维修服务业务板块。我想如果这一期修证班成功了，接下来再办一期，有了这两期的学员去推动整个维修服务业务板块，就很容易形成势头，提高整体业务素质。

过去，谁参加开会和学习，都由公司指定，无形中员工会觉得是在完成公司任务，这种思想就会影响他们参与的积极性。所以，这次招收修证班的学员，我采取了一个新办法——由员工自己先报名，公司筛选后再张榜公布。能被选中的，首先是他自己就有学习的愿望，加上是经过公司挑选上的，大家就有一种荣誉感，我想这样可能会促使他们更能坚持下去。

这当然还是从起心动念的源头上入手。在上游厂家江淮汽车集团，就有“培训是给员工最大的福利”之说。

这次修证班一开课，我就不想搞成只是导师讲课，学员听讲或站起来回答几个问题的简单灌输，而是用上“修”与“证”的概念，大家面对现实工作问题，一起来查根源找办法。

这样一来，不仅要在课堂里上课，很多时候还有外出参观或其他形式的“修证”，会涉及一些费用。由公司全部支付这些费用，当然很轻松，但我还是规定大的集体性费用如车票、旅店费等由公司支出，小的费用如餐费、公交费、门票费等由学员自掏腰包。

另外还规定，尽管是自愿自费的业余学习，但每次都要记考勤，课时不够、研究课题不能完成的学员，不能发给结业证。在公司新设计的职称体系中，这个结业证是高级技师必备的任职条件。

修证班的第一次课修，是在晚上7点钟结束的。

按照预先设计的结业仪式，在“班长”的带领下，大家齐声高喊“感恩修证，感恩大家”。这个小小的仪式，调动起了学员的热情。第一堂课修下来，大家有一种意犹未尽的感觉。

第二节课修开始，我们就把爬山作为周日课修的前半段课程。开始两三次，大家觉得还挺新鲜，但一个月之后，畏难情绪出来了。

一是每周都爬山，觉得枯燥没意思。再就是每人都领到了课题任务，要求对自己岗位的工作流程和目标任务进行改进提升设计，这是大部分学员最头痛的事情。

在10多年前，我有过几年每周爬北京香山的经历，那时还没有开始创业，目的主要是健身，不过这种经历让我感悟颇多。

首先，爬山出汗是一个痛快淋漓的过程，随着山势而升，不知不觉汗如泉涌，出汗也能带给人享受。

其次，爬山的过程虽然很是吃力，但是，当站在山顶“一览众山小”时，给人一种特别的成就感，让你觉得付出的辛劳都很值得。

再者，一两次爬山，可能到不了山顶就会觉得累，可爬的次数多了，累也就是那么回事，只要顶着累走，累也会顺着你，并且最终会给你带来令人喜悦的成果。

这些感受，几次爬山之后，与学员们进行讨论，他们也都体会到了。

但多数孩子不想去体验这些，他们还年轻，还没到有意识地用人生哲理去解释生活和工作的时候。

比如，我跟他们讲一个道理，每次都演示给他们看，就是每次爬山都不要管别人是快是慢，你只管按适合自己的一个节奏往上爬。

可多数学员都听不进去，总是在比较，争个你高我低。结果越爬越慢，累得筋疲力尽，有时还落后于比他们年长二三十岁的我。而我不同，每次都是匀速前进，心无旁骛，被他们落下再远也不着急，反而总是获得中游的成绩。

修证的心思和习惯，在文化程度不高的学员中培养起来很不容易。

尽管他们是自愿报名的，我们也采取爬山启发的方法，加上课堂上所讲各种理念，中间还安排他们到辽宁盘锦一家非常规范的汽车店去现场观摩，可是真到让他们对工作岗位课题进行研究时，就开始懈怠起来。

爬了一个多月的山之后，早年爬山留下的后遗症犯了，我的腿关节发炎肿痛，不能继续陪着学员们一起爬山了，后来他们便渐渐松懈了。

到了应对市场危机的收官阶段，我把这块业务管理交给了新的负责人，相应的修证班管理也移交出去，他们精力顾不过来，就在多数学员没有真正完成岗位课题的情况下，草草结业。第二期修证班也就没有继续举办。

修证班虎头蛇尾，没有取得预期效果，但我自己倒是收获不少。在这期间，我得以真正按照丰田生产方式，仔细梳理了维修服务板块的业务，提出了几个生产管理的原则，后来以此对管理团队的工作进行指导。

同时，我也认识到修证班的课修形式，对一些要求进步的员工是培训提升的有效途径。只要肯在上面花时间，慢慢地让他们变成习惯，就可以推行下去。

后来，新管理团队坚持要求每一位修理工每月都做一件事，就是将自己在当月维修中碰到的新问题写成案例，这在修证班之后就一直坚持下来了。如果没有修证班，这种动笔和研究工作的风气是很难形成的。

工作现场有神明

在商道与人心的对接上，日本大企业家稻盛和夫曾郑重宣称“工作现场有神明”，这一说法，点明了人心最能顺应商道要求的路径。这在东方文化中，尤为易于理解。

“工作现场有神明”，其实这神明在现场遍地皆是，包括犄角旮旯，也包括员工的举手投足与着装眼神。如果每个地方的神明每天都拜到了，那么这个地方的精神状态一定是昂扬的。

所以，管理者只要想尽一切办法，让所有的员工都动起来，只要他们能视工作岗位如同面对神明一般，现场神明就会无一遗漏受到恭拜。

有一次我和一位年轻的管理者聊天，他说在现场发现问题时，自己会动手去整改，但如果旁边没有其他员工，他就不会去干，因为那样员工就不会受到教育。我觉得这是对现场管理理解很到位的管理者。

公司的经营是市场与管理相结合的整体，市场与管理相互依存，管理为市场中的客户与订单提供服务与保障，市场为公司管理的运转与提升提供基础与可能。如果想了解某企业的市场与管理状况，只要去现场看一眼就知道了。所谓“现场”，即是企业员工工作的地方。

前文提到的那位年轻管理者在现场发现问题，只等有员工在场才动手解决，其实每次都是抓住机会来向员工示范如何恭拜现场神明。

正如日本企业家恭拜神明的说法，其实道出了一个规律，就是对工作现场要以最至诚之心去仔细打理，才会得到丰厚回报。这可以看作是一种神祭化管理。

在人类历史上，为了强调对某些特别重要的规律的尊重，先人们就发明了一套神祭的仪式让后人恭拜，从而将至理名言融入到虔诚的拜礼之中，让人遵守。人在谦恭的礼拜中，才最能接受某种观念。

那么，怎样才能体味到现场神明是否满意我们的拜祭呢？在我们这样的企业中，我觉得现场神明会通过某种途径，将它的感觉传递给客户。客户一颦眉或一微笑，可能都有现场神明传递过来的信息。

所以我们一定要关注“客户体验”。

客户体验的好坏，就是公司市场状况的好坏，也就是公司管理水平的好坏。影响客户体验好坏的，无非就是你是否及时又符合技术标准地做到位了，再就是员工与客户接触时，是否给客户留下一个友好的印象。

抓住重要问题不放过

商之道，是慢慢建设和体悟之道。它绵密悠长，梳理起来似乎永无止境，它也讲理认善，越钻研越会乐在其间，个中滋味，回味无穷。

每天的工作，如何把握才是符合商道之举？无他——抓住重要问题不放过，进行管理攻关而已。

比如对维修服务事业部管理负责人，我要求每天至少要做到这样几个“不放过”——

第一个是生产现场的“不放过”：

对每一台当天没有完成修理的车辆不问明原因不放过，查出原因但没有研究出更好的处理办法不放过；对于第二天要向客户交车的钣金喷漆车辆，每一台都仔细全面检查，对查出来的问题不当晚解决不放过；对于在公司门口等待进厂维修的车辆达到设定数量、不启动应急机制不放过。

第二个“不放过”：

对于客户反映的问题，管理者不找出能够让客户减少抱怨的“说法”不放过，并且员工们没有理解和掌握这个“说法”不放过。因为其中的“解说”与“办法”得到了客户的认可，就应该成为相关员工解决此类问题的标准答案。

第三个“不放过”：

对于整个现场每一个区位与工作流程的各个环节，没有落实到具体人员负责不放过。小企业的事务和大企业没多少区别，但不可能有多少辅助人员去管很细项的工作，只能采取“一人多职，一职多岗，相互替补”的模式，员工既有主岗工作任务，也得承担辅助岗位工作，这样才会让方方面面都有人去把守和操心。

第四个“不放过”：

每个工作岗位不出文字性的描述不放过，有文字要求不做“目视化”处理不放过；员工不通过本岗位达标考试不放过；管理者向员工部署重要的临时性工作时，不给出诸如字条和短信这样的文字指示不放过。这就是管理上通常讲的规范化。

第五个“不放过”：

出台管理措施，不经过“杜绝一切浪费”的原则检验不放过。这其中最需要考虑的是实行最大程度的少人化，要反复、科学地梳理各个岗位工作，少人化才能让员工收入提升，才能增加公司对员工的吸引力。当然，少人化的前提，是工作任务能充分完成、员工又能够基本应付。以降低工作质量为代价的少人化，是划不来的，因为那样工作效率会受损。

第六个“不放过”：

不抓好现场5S素质的提升不放过。国外传来的以“清洁、清理、整理、整顿、素养”为内容的“5S”管理，近年已风靡中国企业，但深入落实不易。做好公司管理流程、公司文化、员工风采的上墙展示工作，是提升“5S”水准的一个有效方法。

此外，还有盯住安全，盯住现场杂物，盯住出入厂制度，盯住员工的基本规范。包括盯住厕所的半小时清洁，盯住下水道的每月疏通，盯住烟头的随时清理等等。

我还特别提出一个“厕所指数”的概念，就是厕所的卫生程度、员工对厕所卫生的维护程度，反映出企业员工的5S素养程度。所以这一条也可以称为是“厕所指数不高不放过”。

第七个“不放过”：

微笑指数、跑步指数不高不放过。最易做到的慈善是“善言”与“善颜”，最能打动人的行动是“满面春风”，企业的和谐程度可用“微笑指数”来标定。

员工之间、员工与客户之间能用热情微笑相互打招呼，就能很用心为他人解决问题。

员工的工作积极性有多高，企业的管理是否很规范，就看他在两个工作地点之间移动的状态。懒洋洋移动是状态低，如果是以高的“跑步指数”来进行，不仅工作效率高，更证明是员工的状态好。

如果一个小企业做到了这七个方面的“不放过”，都能得不错的分数，那么这个企业的管理者一定很优秀，对商道人心的参悟肯定很透彻。

09 智慧有情，菩提萨埵

从2012年8月到12月底5个月的时间里，公司应对市场危机进入收官阶段。

我把收官工作的重点，放在了公司治理结构的全面改进上，改进的重点又放在了管理团队的优化组合与体制改变上。

第一年实施“党支部建在连上”的治理结构初见成效，吸纳那些勇于担当的干部成为公司股东，让他们以投资人的身份到第一线去拼杀，被证明是战胜市场危机相当有效的举措。

而这种治理结构，在公司未来的发展中，能不能继续发挥关键性作用呢？

智慧与有情的开示

2012年8月中旬的一天，积石山下的青海循化县城边，滔滔黄河裹挟着强大的势能冲向下游的黄土高原。此时临岸观看，唯有想到“浩浩荡荡”这个词。

在黄河左岸边的一幢楼里，我们与文都寺的一位喇嘛聊着天。

虽然我平日对佛家理论很是尊重，但与出家人交往却很谨慎。一起聊天的这位喇嘛，是我交往为数不多的几位僧人之一。与我同行的老哥，引荐我结识这位青海文都寺高僧。

这次拜会，我向喇嘛法师请教了一个问题：带队伍，要不要看被带的人的根器？

喇嘛法师肯定地说，不同的人在某一方面有不同根器，所以在辨识人的根器、对不同根器人的使用上，更要讲求智慧。

他说佛家是以慈悲为怀，这是对众生的“有情”，但同时佛家还要讲“智慧”。一方面，“有情”是对众生好，但如果没有智慧的支持，会给自己带来困扰，困扰会让有慈悲心的人做好事却无法体会到幸福感。另一方面，智慧可以帮助人做成事，但如果没有“有情”做基础，则体现不出佛家的慈悲，也不能保证做的事一定有意义。所以，唯有智慧和有情相互支持，才能产生最好的结果。

“菩萨被人们看作是最善良最美好的化身，你可知道这‘菩萨’两个字是怎么来的？”法师问。

看我不解，法师答道：“‘菩萨’就是佛家‘菩提萨埵’这个词的简称，‘菩提’的意思是智慧，‘萨埵’的意思就是有情，也叫‘慈悲’。所以说，如果你能够用好的智慧去引导自己的有情与慈悲，那么人们就会说你是菩提萨埵，也就是菩萨”。

“噢！”我恍然大悟，直想在自己脑门顶上拍一巴掌。

这次会面后4个月，也就是2012年底前的一天，我从黄山黟县回到北京。这几个月中，虽说我的办公室还在老店维修厂的那个小角落，但这里已经和其他几处店面一样，不需要我每天亲力亲为了。

在总经理的率领下，厂区内外的管理水准又有了提升。冬季里客户车辆碰撞事故增多，钣金喷漆维修的车辆大幅增加，总经理也冒着严寒到第一线去帮助底子工一起磨腻子，替喷漆工打下手，其他管理干部更是顶到了各个一线岗位去。

我在车间现场走一圈下来，能感觉到员工们的精气神不错，虽然严寒逼人，但整个现场隐隐透着一股热情。

到第一线去发现问题，去鼓舞员工，去找出解决问题的办法，我一直在公司强调了好多年。两年前到维修服务业务部门，我也要求当时的几位经理这么做，今天终于看到这一理念的功力发挥出来了。

细想之下，这一局面的出现，基本上反映出“智慧”与“有情”交替作用的结果。

让“珍贵少部分”挑大梁

公司开办不久，我就提出来，对公司工龄长的一部分员工，给予分红权甚至股份。五六年前，在我正式向董事会提出这一建议时，却遭到公司外部董事们的一致反对。

他们认为，这份关爱员工的慈悲心是对的，想通过此举将员工长期留下来的愿望也不错，但实际上留下来的未必都是公司需要的，而那些要离开的员工，对这种撒胡椒面式的股份和分红，并不会产生多大的留念感，真要离开时反而会为这点微薄的股权分红产生纠纷。

在外部董事们看来，我的提议正如前面的喇嘛法师所讲的，属于有情但无智慧的举动，到头来只会自受其扰。

大家最终说服我将计划取消了。我感到庆幸，外部董事在关键时刻拿了大主意，这也是一个智慧之举。

通过这次应对市场危机的历练，我认识到公司要有一定的根基，才能吸引到所需的人才。而人才是否能用得上，除了他要有一定的根器，更主要的是要有为你所用的才情。

根基，根器，才情，这三种因素好比三个不是同一个圆心的圈圈，如果圈子又小，相距又远，三者可能不交集，互相沾不到边。只有圈子大，相距又很近，才会有交集面。只是多数情况下，交集面只是三个圈圈中的“珍贵少部分”。

不用说，在公司面对市场危机时站出来并且取得成绩的人，就是根基、根器和才情相交集的少部分，当然弥足珍贵。

如果说在危机开始时，以小妹和原销售总监为代表的“珍贵少部分”已经挑起大梁，那么，继续找寻并确认更多的“珍贵少部分”，让他们相继进入挑大梁的岗位，对他们加以肯定和鼓励，使他们有很大的成就感，工作起来发挥更大的能量，则是今后企业继续发展的必要工作。

收官阶段，新一轮“珍贵少部分”的筛选工作已经基本明朗化。在此之前的半年左右，我顺应情势的发展，陆续启动了调整与测试程序。

十二年风雨同舟人

早在清明节过后不久，公司新一轮管理人员结构的调整与测试拉开帷幕，这是一次不得不启动的重要人事调整，历时3个多月。

调整起因于年长我二十岁的副董事长，一位年届七旬、已经跟随我十二个年头的长辈级人物，也是我刚参加工作时报社的老同事。

因为他在企业改造施工现场崴了脚，引发了多年前的旧疾，行走艰难，于是提出退休回家。

回想当初，我刚出校门，还是编辑部里的毛头小伙子，他已是报社后勤行政部门的负责人，论资历，他应该算是我的上级。

当时报社有一种风气，编辑部门瞧不起后勤行政部门，后勤行政部门也看不上编辑部门，但是因为我没有这种分别心，才和他彼此认可，交往不少。

后来我到另一家报社谋职，他依然像老大哥一样和我经常交流。等我从那家报社出来创办《民营经济内参》时，找不到合适的内部管家，有次聊到此事，他主动说来试试。他能来，我当然求之不得，可他还有两年才到退休年龄。没想到，第二天他就去报社办理了提前退休手续，第三天就到我这儿上班了。

在后来10多年的合作中，作为最主要的助手，他既替我处理各种事务，又是我事业上的老师，经常从旁提醒我，注意一些重要的、但我却没有太在意的东西。他更是一位我可以放心托付、放开耍赖的好朋友。每当我决定重要事情，总是先找他碰一碰。他提出来的问题，如果我心里大致有底，就证明此事成功把握比较大，即便做不成，损失我们也承受得起。

20多年的交往，他深知我的短处，也打心眼里喜欢我的优点。对我来说有困难的一些事情，他会主动站出来替我去应付。我最烦虚与委蛇的应酬，他都尽量出面，好让我躲掉。有时我碰到烦心事、委屈事，他会耐心从旁劝解。是我不对的，他也会批评我，过后反而让我觉得舒坦许多。

创刊前7年，我们一起将《民营经济内参》做成了在一定范围内颇有知名度的品牌刊物。当时我在担任刊物主编的同时，又创办了汽车销售服务店，以此体验创业者的酸甜苦辣。

那个时期，除了稿件另有专人负责，刊物整个运营事务大多由他承担。我只是每星期到办公室去一两次，简单听一听各项事务的进展，简单讲一讲下一步方向，只需要月底去签字支付费用和薪酬就行了。

当时，这份刊物是我自筹资金在一家民营经济研究会名下创办的，研究会的领导对这份周刊非常认可。刊物的全部运营费用全都是靠我们自己挣来的，从头到尾也没要研究会一分钱。

7年之后，我觉得刊物不用我管也能发展下去了，而汽车店的事情还需要再投入更大精力，于是把刊物交出去，还不算少的结余经费也全交出去，连我平常用的一个笔记本电脑也没有留下。

对这种彻底交出，老大哥尽管多少有些舍不得，还是依着我，亲自一分一厘地将账目梳理得清清楚楚，交给接手人，随后他又转到汽车店来帮我。

离开新闻界多年后，有时老同事们重逢，夸我在事业上有些小成就。可这其中的酸甜苦辣，唯独老大哥心里最清楚。在给我帮助的众多人当中，他的功劳也最大。

后来在《就这样，挺过创业难关》一书中，我写到创办汽车公司过程中如何挺过各种难关，讲到了各方面给我支持和帮助的人，居然忘了将这位老大哥提上一句。当然，那本书是写汽车店这一段经历，老大哥作为创办刊物时的主要帮助者，没有写进去也情有可原，但现在想起来，最主要的原因可能就是作为最亲近的身边人，他的帮助和作用，被我视作理所当然。

说到退休回家，老大哥好像是在跟我干了8年的时候提过，当时我是劝他再跟着我打一个8年抗战吧。此后，他基本上是每年年初都提一下这个话题，而我的惯例都是劝他留下来。他说他的原则是不要给我添累赘。

一年一年这么挽留下来，他还一直对别人说，是我照顾他，让他有活儿干，既让他有收入，还不会在家里闷着容易老。

其实有他在，才能让我觉得踏实。他可能是心里明白但没说，我是形成了习惯但没意识到。

人生七十古来稀，而且他的脚伤也不能再拖着了。到了这时候，我觉得真的是该放老大哥回家，让他享受天伦之乐了。

这时我才意识到，许多事如果他不管了，我该怎么办?

老大哥听说我这次真的同意他回家，还准备像12年前那样办交接，要在几天内就办完。我说这可不行，这次得花3个月时间来应对他的退休。用一个月的时间琢磨他退了之后的组织治理结构，再花一个月在领导层中达成共识，第三个月进行具体的事务交接。

时间，看不见的隐性资源

做企业久了，我对时间这个看不见摸不着的东西，有了深刻认识。

在各种资源当中，时间才是标志，或者说时间是资源的钞票。办一件事，如果能拥有更多的时间，也就意味着拥有越多的资源和能力。

随着中国企业走出国门，和发达国家同行打交道越来越多，我们发现，许多国外大企业眼下拿出来的东西，可能许多年以前就已经在着手准备了，所以人家一动手，就领先我们许多年。能够进行如此长时间的准备，是需要强大实力支撑的。不知深浅的，还常常吹嘘我们研究什么东西比西方少用了多少时间，我认为，其实这恰恰是实力不如对方的表现。

在自然界中，速生速长的东西，总是比不上慢慢生长的来得结实，来得有味道。速生鸡、速肥猪和化肥米、大棚菜一样，都不如按时令喂养种植的好吃有滋味。工业品和技术也是这样，我们花很少的时间，走过人家很长时间走过的路，往往是由于我们的资源不够，被迫而为的。

能在短时间内赶上人家，肯定有值得骄傲和赞美的因素，但也应从中看到几点：

一是我们跟在成功者的后头，相对来说可以走一些捷径。

二是人家多花的时间并没有白搭，因为他们先搞出来，在我们追赶的这段时间里，人家已将超额的利润挣到手了。

三是我们拼命集中力量，赶上人家的只是一少部分，但要想全面赶上，还是需要时间。而我们追赶的同时，人家又在捣鼓别的东西，有待我们去追赶。

四是我们拼命追赶，可能饥不择食，会带来大的副作用。甚至可能会慌不择路，搞什么弯道超车的玄事，那会增加翻车的可能。

因为研究民营经济和编发《民营经济内参》的原因，有关领导曾让我担任过一届全国工商联执委，作为奖励性的荣誉。全国工商联是中国对私营经济最重要的统战组织，可以看成是中国顶尖私营企业家最大最高级的俱乐部。

有一次全国工商联开年会，让我见识了一位成功人士的优雅与从容。会议期间的一天，我匆匆吃完早饭正要离开，一位刚认识不久的企业家看见我，招呼我过去聊聊。

聊天过程中，他一边慢慢地用刀叉仔细切着餐后水果，一边不紧不慢地和我聊，光餐后水果就吃了快有20分钟。接着又向服务员要一杯红茶，看那劲头可能还要准备耗上个20分钟。我等不及，先告辞了，但在离开时，才发现大厅里面像他这样慢慢悠悠的用餐者还有好多。

这几十年来，全国都在喊着“时间就是金钱，效率就是生命”往前冲，有些人好不容易挣几个钱可以出国看看，却发现人家处处都是悠游自在，在那里讲生活品味，谈绿色环保。

有充足时间去干一件事，还是火急火燎去干一件事，两者的差距是巨大的。前者财大气粗，享受做事的过程和结果，而后者英雄气短，是被迫，是在挣命，在急迫中消耗自己的快乐。

或许原因只是在于我们太穷，手里没有充裕的时间，而人家之所以能有那份闲情逸致，是工业革命以来的技术与制度让他们挣足了，可以慢慢来消遣时间。

落后，当然不能躺倒不干，否则时间更不会站在我们这边。只是我们也别把火急火燎往前冲当成了习惯，有时间作为资源的时候，是不是也可以改改口号，提倡“时间就是本钱，效率就是水平”呢？

时间是对思想、使命和课题任务进行融化与泡制的清水。

江淮汽车公司有位领导打过一个比方说，如果前面即将遇到的市场挑战是一个沙漠，国内汽车企业只是相当于一只兔子，国外发达国家的大汽车企业就好比是骆驼。那么，国内汽车企业要做一只穿越沙漠的兔子，在这过程中怎样解决赖以存活的水和青草，是他们带有宿命性质的命题。

这事够难的。不知道他们会不会觉得时间不够用？不过我想，把握好当下的时间，别在有限时间里懒惰，也不要在时间压迫下出错，这就是企业家的水平了。

付出时间，肯定不是去浪费时间。

我一直主张，有事业心的人不能有办事拖拉的习惯，要对自己的懒惰下黑手。如果说“万事开头难”，那么“第一难在懒”。

但拥有去干一件事的充足时间，对于干事业的人来说，是一件幸福的事情。有时候，并不是缺少充裕的时间，时间再紧张工作再繁忙，也会有可挤压的余地，只是你要善于给自己挤时间。

如果能把挤出的时间用来完善工作，那你就是传说中常被人提及的沉着的人，泰山崩于前而面不改色的人，你有坚定的信仰，有很深的修养，也能够给予别人更多的宽容。

“交绝无恶声，去臣无怨辞”

所以，在让老大哥退休这件事上，我给双方设定了一个3个月的期限。比起他上一次退休3天的交接时间，时间上充裕了很多。

倒不是说这个时间能让我做些多么了不起的事情，但时间充裕的话，的确能将这一人事变动给公司带来的影响降到最低，使各个方面都满意。

我特别推崇古人提出的“分手标准”，即“交绝无恶声，去臣无怨辞”。根据我的经验，留出充足的分手时间，并在这段时间里，用满满的善意去落实各种可能的选择方案，古人的这个标准是容易做到的。

老大哥当然不是“去臣”，他退休更不是“交绝”，可他在公司负责管理财务等一些综合事务，现在公司已经分成了几个独立核算的板块，接替老大哥的人能否被各业务板块负责人接受，是头一个要考虑的问题。

在头一个月里，我预先向各位负责人打了招呼，请他们先考虑接替人选。接着我提出几个接替方案，得到的反应不一，谈了几次意见也统一不了。这就好比打扑克，几个人出了一圈牌，到我这里讲出了不同理由，接着又对对方的理由提出了新的理由，如同各自再出一圈牌。

出现这种意见上的不一致，我觉得很正常。大家都从自己的工作利益出发，总希望对自己更有利一点，我作为总揽全局者，对此当然充分理解，所以不会为此着急，更不会因此而对提不同意见的人大呼小叫。

多年的体会告诉我，一个新的信息进入到耳朵里，人的思想意识并不能迅速接收，而是有一个反应和适应过程，尤其是对方没有心理准备的、可能涉及到利益取舍的信息。

这类信息传递给人，如同一只足球扔到房间里，一定会在房间里蹦跳几下，可能还会打翻房间里的几样易碎品。结果是，不管人是否喜欢这足球，如果不能将这只球扔出去，最终他的头脑就得接受。只是扔球进去的人要有耐心，要等到球在人家头脑里经过几次蹦跳，停下来了，再去问他的最后想法。

到了第二个月，我对大家说，老人家退休这事不可能改变，你们总得拿出接替他工作的解决办法呀。这时实际上他们都大致有了几个备选方案，而作为总协调者的我，也非常清楚他们最不愿接受的是什么了。

我协调的原则就是，尽量不要往某一方非常排斥的方向去提方案，尽管可能另一方特希望如此。这样又经过一两次协调，就确定了各自都可以接受的方案。

到了第三个月，也就是2012年的7月份，老大哥退休的日子悄悄而又坚定地来临了。我为他组织了一个小范围的“光荣退休恳谈会”。大家都讲了许多感人的话。

我的发言，就他作为前辈、大哥和高参的三种身份，分别给予了评价，讲到每一种身份时我都起立向他鞠一躬，还专门赠送他一个水晶玻璃奖杯，我自撰了两句联辞：

十余年扶助，劳苦功高从不自居；

二十载情谊，牌局不辍坦乐相待。

其中的“牌局不辍”，专指老大哥二十多年前就和我们几位好邻居一起，每周都聚到我家打上一局“拖拉机”扑克的事。这种娱乐一直坚持了十几年，等到我们邻居都搬到别处去住，做不到每周打一局牌，也会每一二个月找机会打上一局。

每场牌局的组织者都是他，大家在牌桌上总是没大没小地开玩笑，而讲笑话最多的也是他。这样的牌局和笑声，伴随着我们的事业和友谊，几十年好像一下子就过去了。

独立创业的副总经理

老大哥退休的同时，媒体人出身的副总经理下一步的事业方向，也是重点需要解决的课题。

那时公司客观资源不给力，加上实际运作中存在一些问题，全品牌汽车服务业务拓展队伍已几近溃散。这时我和副总经理进行了交流，询问他的意向。他的意向依然坚定。

才情，才是最值得珍视的。既然他还愿意往前推进，我还是会保证提供后援。

我和他商量，前一时期的不顺利，一部分原因是他的业务推进和维修厂裹在一起，互相不支持。那么这一次干脆分头突进，将原先汽车维修服务业务拿出来，单独成立事业部运营，以保障这一块的服务水准和业务规模。

全品牌服务这一块，再留给他3个月时间，去另外组织一支真正能够打硬仗的队伍。成立这支队伍后，由公司和他一起投资，也就是说支持他独立去做一个创业者。

新的全品牌服务投资计划的推出，延续了我应对市场危机的思路。还是以公司已有根基为前提，支持那些真正具有根器与才情的人，去独立自主地开拓事业，这就是“党支部建在连上”的核心理念。

为什么全品牌服务计划推出之初会出现困难，我和副总经理曾进行了一两次探讨。我觉得其中一部分原因，会不会是我指导过多，反给他带来思路上的干扰。所以我想，这一次如果他能再组织起队伍，就让他独立去闯。

新业务总是边摸索边形成赢利模式的，想当初我懵懵懂懂闯进汽车经销这一行，也就是这么走过来的。

可惜的是，副总经理没能如愿组织起新的队伍。其间尽管也有几位很有根器的候选者表达了加盟的意愿，但最终都未能下定决心。

设定的筹备时间过了，我们俩再次碰头讨论，他依然对这个全品牌服务前景充满信心。

可是没有队伍怎么办？我想到全国工商联底下有一个汽车商会，他们那儿有一位能干的秘书长，之前我曾推荐副总经理和他认识，彼此也都有好感。如果能借助汽车商会的平台整合一些社会资源，总比我们单打独斗要强。于是，我再次建议副总经理去和汽车商会秘书长沟通协商。

汽车商会秘书长对副总经理的计划很是欣赏，没过几天就任命他为副秘书长，授予他推动计划的全权。于是副总经理从我们公司办理了辞职。我承诺，如果他的方案需要投资，我们可以在他的未来事业中占一些小股份。

我们给副总经理举行了奔赴新岗位的欢送会，大家都是高高兴兴的。欢送会的目的，就是不要让大家觉得副总经理是打了败仗走的，公司对他还是很留恋的。

我当然不愿意看到一位满怀豪情的兄弟，在没有取得预期成效的情况下离去。当初，我们俩曾约定，如果3年内他能把公司的新业务做成功，我会把公司部分股份划给他作为奖励。

欢送宴会上，尽管我没有喝酒，但回家后还是胃痛。他也以开车和还要去见一位投资人为理由，没有喝酒。以往这样的场合，他常常会开心地喝多。

之后，大约是他比较了解我“用事谈”的习惯，就此事我们俩好久都没有交流。只是我经常在微信和微博上，看到他对自己新汽车服务模式的宣传。

“感恩瑞征！”

2012年底，也就是北京限购政策推出两周年的前一天，我看到了离职副总经理在微信“朋友圈”中公开发出的《瑞征盛宴》一文：

我的2012年90%应该是属于北京瑞征的，从大年三十的守岁，到初一的第一个鞭炮，再到如今辞职退出，依然以瑞征人而自豪。

这一年，让我有机会深入到一个实业公司，体验和媒体完全不同的工作。“瑞征车保”曾经凝聚了我的梦想和心血，史无前例地早起晚归，披星戴月，疏远了原来的圈子和朋友，想办法，做推广，搞新年音乐会，做网站，建团队，梳流程，做培训，做课题，见客户，爬香山，搞活动……

我体验了实业与创业、管理与拓展、服务与创新、理念与现实，也感受到做老板的艰难，无比钦佩许总的修为，克己内敛，智慧与大气，务实与理想。他对我本人更是宽容与信任，可谓亦师亦友，至仁至义。

这是2012留给我最宝贵的财富。无论以后做什么，这一年的经历与感悟都将帮助我更深刻地理解工作、企业、团队、管理、细节、流程、责任、市场、竞争、资源、优势、风险、实力、改进、文化、活力、心态、盈利、起心动念、善心善念、矛盾、误解、沟通、同修共证。

这是我人生和职场的一场盛宴，丰富而欢乐！感恩瑞征，感恩许总，感恩所有支持我的同事和朋友！

不是所有的梦想都一定会实现，但真正投入地为梦想拼搏过，这一段心路历程，为人生的梦想实现贡献的，不仅仅是表面的所谓经验，更多的是乐观前行的强大内心，面对任何情况都要善心善念，从容不迫，沉稳而坚定。

文章写得饱含深情诚恳，除了对我本人带有明显的溢美之辞外，他对全年的历练细细咀嚼回味，收获了智慧，体现了对自己和工作要求很高的知识分子的“有情”。

瑞征这一年，如果真能为这位兄弟以后的事业之路增添功力，也不枉他一年中所受的辛劳与压力，对我来讲，心里也能略微宽慰一些。

2013年初，他约我聊聊他的新计划。我诚恳地指出他计划中的问题，准备做的项目太多，认为他在开始阶段还是应该将精力集中到一个项目上，也对他计划中一个客户评价修理厂的项目给出了建议，包括如何取得客户意见，以及客户意见取得后如何变为市场资源。作为老大哥，我真心希望他能尽快取得创业成功，希望他彻底摆脱媒体人的习惯，不要每天将大量时间花在社交媒体上，应该集中精力盯住自己的创业项目。

我对他说，以前这些话我不便讲，会有上级指责下级的意味。如今他独立创业了，讲出来完全是为了让他能尽快创业成功。

相信他应该领会到了我的真情。

推动“包公后代”去创业

收官阶段刚过一个多月，我就确定了一件事。

这天，在维修服务事业部担任总经理副手的大外甥，被我叫到办公室。我跟他讲，准备在老家县城投资建一家汽车修理厂，他脱口就说，那就交给我去干吧。我说不光他一人去干，还要带上他的几个弟弟和妹妹一块干。

这孩子到北京五六年了，一直在维修服务部门工作。

此前，我也几次试探过让他独立去创业，但他生性比较胆小，不大敢于去把握机会，也就想等着让他再成长些，还是要推动他去创业。但前提是，他要自己起心动念才成。

当初我寻找接手亏损新店的人，也曾问过他，他还是习惯性地往后退缩。有意思的是，他居然还提出，将店面改成餐厅才有可能扭亏。

多年观察下来，我发现这个外甥有一大特点，就是当你让他去干什么时候，他总是习惯性地拒绝，然后他会给你提一个反建议。为此，我曾经恼怒地称他为“包公后代”。

家乡老辈人总爱说“包公后代”的典故，因为当地出了个历史名人包拯。我们家乡人传说包拯的儿子平常总是不听话，包公指东他偏往西。包公临死前想到自己的后事，希望死后在棺材里枕的是铁枕头，枕头锈烂了，自己就可以转世投胎再回人间，可他担心向来不听话的儿子不照办怎么办呢？于是包公就对儿子说，到时你在我棺材里放上石枕头。

包公心想，不听话的儿子一定会放个铁的。不料儿子却想，一辈子都没听老子的话，这回就听一次吧。结果石头很难烂掉，包公也总转不了世，导致后世许多年都缺少包公。所以在我们老家，说谁是“包公后代”，就是说谁不听长辈的话。

我在编写《员工手册》时曾专门讲到，和别人沟通时先要专心倾听，然后肯定对方，接下来才对值得商榷的地方进行讨论。这个关于沟通的小流程，专门针对公司那些来自农村的员工，这些孩子对别人的建议，总是有先行否定的习惯。

这一习惯最早就是从我外甥身上观察到的。我猜想，主要是因为他们出门在外害怕失败，对很多判断不了的事情先行否定，以免自己吃亏。

自从亏损店在小妹两口子经营下一举扭亏，让当初不看好这一项目的人全傻了眼，他们肯定在心里后悔过。这回外甥主动请战，估计也是小妹两口子敢于接受挑战的示范作用。

在老家建汽车维修店，是我为外甥们准备的一条出路。一方面是考虑到几个孩子跟着我在北京干了几年，在汽车服务方面基本都已入行，几个人相帮着出去做一家服务店，从店长、接待员到维修工，他们自己就可以凑个差不多。另一方面，他们中多数都已成家，家属也多数在老家，长期两地分居会给家庭带来问题。

再就是老家县城的汽车保有量已经不算少，可正规有水准的服务维修店还难见到。如果外甥们能将在北京学到的维修服务理念和技术带到那里，就会获得市场优势。

加上全品牌汽车服务计划取消，我对自己下一步的事业计划有了调整，也就不适宜再继续带领他们。

当然，还有一个重要原因是，近两年的观察让我认识到，只有让他们成为创业者，才能迸发出强烈的事业激情，特别是那位大外甥。

不当创业者，关心细节吗？

在我到老店第一线之前，公司总经理以大外甥不称职为由，把他降职到机修车间当主管。我到了之后，将老店维修服务业务分成两个部门，即前面的柜台作业与后面的维修作业。前面的部门由一位女经理管，后面的部门由大外甥担任负责人。我期待他们两人都能盯住各自的业务细节，针对服务客户中存在的问题，改善公司的流程，提高员工的素质。

大约一两个月之后，我发现，这两位经理每天上班长时间地待在电脑前。我对他们说，作为服务企业的中层经理一定要到现场，去和员工一起面对客户与工作，只有这样，才能及时处理客户服务中的问题。为了给他们示范，我开始到现场去巡视。

但是，他们并没有大的改变。我又增加了对一些具体事务的管理，对一些缺点与不足，我的批评力度也开始加大，而他们经理之间渐渐形成了互相同情、互相支持的关系，来抵消所受到的批评。

通常我对家里人的要求更严格一些。为了让其他经理有所醒悟，有时开会我就会对大外甥的批评更多，但是收效甚微，甚至大外甥在中层经理中有种英雄感。他每次挨了批评之后，会因为自己敢于跟我顶牛，获得其他同事们的鼓励。

有一次，我又重重地批评了他。会后我去巡察现场，经过大外甥办公室的窗前，就听见他在里面大声表达不满，而刚才在我办公室开会的那些人，正围过来劝慰他。我感到，大外甥很享受此时的感觉。

此后，我就不太批评他了。如何改变服务维修现场管理落后的局面，同时还要想法改变大外甥的工作意识，成了我重点思考的课题之一。

副总经理推荐来一位运营总监，我指望这回运营总监能将大型企业的一套管理方式传给大外甥。我曾经研读《丰田生产方式》一书，觉得对现场生产和管理非常有用，专门送给大外甥一本。

在公司创办的“修证学堂”里，公司骨干都有自己的岗位研究课题，大外甥也不例外。我要求他研究如何提高生产效率，提高员工收入，其实就是要他关注现场管理的核心流程。

这一段时间，我们俩冲突并不多。只有一次，大外甥提出来想调到别的单位去工作，我也只是跟他做了一次深度沟通，结果他改变想法，自己主动不走了。

到了克服危机的收官阶段，我让他担任老店维修服务事业部总经理的副手，就是想看看他的行动，是否能够贯彻我整理出来的现场新流程。

在大外甥和事业部总经理上任之初，我专门和他们深谈现场管理，过后为了他们备查，我将一年多来一直提倡的现场管理理念写成一封长信发给他们。

但过了没多久，我觉得还是需要为大外甥寻找新的路径，否则难以使他真正对现场管理充满强烈的热诚。

是三件事的发生，终于让我下了决心。

有一天，我在现场监控屏幕中看到，大外甥在车间的一角拿着手机在玩。我观察了一会儿，看看他到底会在员工面前玩多久。

在监控摄像机前，他一直在看手机，先是站着，站累了又蹲在一边继续玩。半个小时过去了，看他还没有停止的意思，我拨通电话对他说，要注意给员工的印象，他才懒洋洋地站起来，扭头看看监控摄像机走开了。

玩手机是员工当中普遍存在的一种不良现象，维修服务业务是等客户上门的生意，常会出现客流不均匀而员工忙闲不均的现象。一般这时候，多数年轻员工都会开始玩手机。

我一向要求员工不要上班玩手机，鼓励他们有空到阅览室去看技术资料，上汽车网站浏览，或者编写每月都要完成的维修案例，这些都是提升自身技术素养的好方法。而一个刚被提拔的管理者，当着员工的面做违反公司管理规定的事，显然缺乏职责意识。

再一件事，是我发现他在上班最忙碌的时段转评别人的微博。

微博是个非常好的信息分享平台，特别是有许多中国原有新闻体系没有的内容，因而也特别吸引人。正因为吸引人，也就容易对正常的工作和生活产生干扰。我常常看到，一些粉丝众多的微博博主开会、会客、吃饭等场合不停地去收发微博，总觉得他们的神儿已经丢了一半。因此我上微博一般限定在临睡前和早起后的半个小时左右，这样既可以分享新媒体带来的信息优势，也不干扰工作。

根据我的判断，从阅读别人的微博、思考，再到发出评论这个过程，对自己工作造成的干扰，至少有一小时时间。一个对工作现场负有直接责任的管理者，有一个小时心思不在岗位上，是多么不负责任啊。

第三件事有关一项工作要求。

我研究丰田生产方式之后，在公司提出了一系列的工作流程改进计划。其中一个重要的内容就是推行“跑步工作转接”，要求员工在进行工作转接时，跑步去进行下一项工作。这样既可以提高工效，更可以让员工保持工作热情，同时会赢得客户的好感。

但是作为现场管理者，大外甥没有热情积极地去推动落实。面对我的质问，他脸色一沉，说自己身体不适，就将我的话堵了回来。从此，这项要求被扔到垃圾堆，再也无人理睬。

一系列的“用事谈”证实，如果继续让他在我身边这样下去，很难改变那种打工者的应付心态。这样既辜负我的期望，他也不会很快乐。

尽管如此，我对他倒没有生什么气。多年带队伍的经历让我认识到，下属不能理解你的高要求，能力不能胜任工作，实际上是他意识上有难以自我逾越的困难。这种困难尽管来自他的心态和习惯，也不能简单地归罪于他本人。作为上司，应该理解他的难处，帮助他克服困难，包括他的坏习惯和内心的怯懦。

这时，我开始静下心来思考，到底通过什么途径，可以让他对工作更加上心？

答案其实是现成的。

让他去创业，我最终作出了决定。

根据我对私营经济和创业的研究与体会，只有创业者的身份，才能使人比公司里的任何人都更关心工作。所以创业者在初期总是有一大特点，就是夜里常常失眠，考虑工作上的事，这是打工者很少体会到的心态。

只是让他在哪儿创业，以及给他创业提供什么样的支持，让我颇费了一番心思。考虑到各个方面的条件，最后我觉得到老家去是最优方案。

没想到，当我一提出在老家建汽车修理店，大外甥就表现出了前所未有的兴趣。当然，我没有直接说让他去创业是主要目的，而是说他现在应该给家族挑起担子来。

自从年近不惑出来创业，这些年我已经为包括外甥们在内的大家庭做出了一些贡献。我用自己的奋斗历程教育他，因为他也接近我当年开始创业的年龄了。

当初我创业时一无所有，困难重重，而大外甥创业却完全不同，我不仅给他提供了几年的业界经验和一支队伍，还准备了一笔足够的启动资金，外加一台车辆和一部分办公电脑。

最后我跟他说，这家店将由他们几位外甥共同所有，我不占一点股份，投入的资金也不要求他们归还。几位外甥一商量，都感到这是一个非常难得的机会，就踊跃加入到了这次创业行动之中。

在办手续、等待回家创业的期间，大外甥有天在公司替班，看到了公司员工工作中存在的一些问题，就在微博里进行了点评。

晚上看到这条微博后，我会心地笑了。心想，这些员工原先都是你的下属，为什么你在职的时候没有注意到这些，不去下力气帮他们改变，现在自己一当创业者，马上就发现了呢？

如何挽留关键员工？

硕士生姑娘担任老店维修服务事业部总经理之后，遇到的第二桩人事方面的挑战，就是技术总监要离职。

技术总监和硕士生姑娘差不多同期进入公司，不同的是，技术总监年长十来岁，已经有了多年的职场经历，起先只是一位喜欢钻研技术的普通修理工。

因着他喜欢钻研修车技术，我特别要求运营团队对他加强培养，使他从一个普通工人一步步晋升到现在的职位。

在餐饮企业当中，大厨这类的技术人员往往格外受宠。我们的技术总监也多少有些大厨情结。

大厨们往往都有些孤傲，因为他们是餐厅对外吸引人的招牌。通常他们不太管你整个餐厅的经营成果怎样，对于服务员如何和客户周旋这类事情，大厨们也觉得那很烦人。

进入收官阶段之前，为了弥补前台接待人员技术素养的不足，我实行了一项改革，将技术总监调到前台担任前台经理的副手。这样一来，客户进入公司对前台接待人员一描述，技术总监在边上就能对车辆故障有个大致判断。

当时前台经理由硕士生姑娘兼任。客户服务的效果是达到了，但经理与副手之间出现了不和谐。技术总监成了前台经理的副手，要将原先直白的说话方式，改为和颜悦色地同客户交流，这让他很不习惯。加之前台经理把追求客户良好体验放在最重要位置，对待副手的方式不是通过劝慰，通过讲哥们儿情谊等方式哄着往前干，也让技术总监有深深的失落感。

所以过了一两个月，技术总监就要求调回车间了。

后来，维修服务事业部成立后，硕士生姑娘成了总经理，在这种情况下，技术总监提出辞职，想必也是觉得自己的前途不太光明。

对他离职一事，事业部领导上交到我这儿处理。我知道技术总监对公司这么多年的培养还是心存感激的。他对我尊重员工、将员工当成家人一样爱护的做法，已经习以为常了。

我知道光靠劝没有用，如果没有和其他公司的对比体验，过段时间他还会动走的念头。可如果我批准他办离职手续，即便在别处感觉不好想回来，到时候他也不好意思再向我提要求。

我考虑的是，如何才能让他留下来？

不论是普通员工还是管理者，我都信奉：留下来的就是最好的。

留下来的员工，也许是没有更好出路才没走，但至少是管理者容得下的，工作还基本过得去，在根器方面至少暂时还能满足你的最低要求，否则你会直接让他走人。

对老板而言，愿意留下来的员工，证明他和你有一起工作的意愿。有了这份才情，你才能和他建立持续的工作关系，你的指示和任务才有人帮你去完成。帮你的人，对你来说当然是最好的。

从用人效率上讲，愿意留下来的，对工作和同事都有了一定时间的了解，企业在他身上已经投入了时间成本与培训成本，对他的性格和优缺点也都很了解。

假如换新人，还要再花新的时间成本、培训成本和考察成本，都是双倍的成本。如果能将人留下，用其所长，用人效率也是双倍的。

所以，从公司利益的角度来讲，留下来的就是最好的。这些留下来的人，多数可能并不是最优秀的。一个家庭或家族，很少有每一个成员都是社会精英的情况，其实企业也是如此。

尽管企业可以通过“辞”旧“迎”新来调整成员，但限于时间、条件、才情等等，很难在某一个时段招到自己最想要的人才，所以只能像家族一样接受上天随缘带来的成员。

所以在一个企业里面，从来不是也不可能都是最优秀的人。最大的可能，就是把不同素质与才情的人尽可能进行优化组合，同时使这些人得到培训与提升。

有人说，不对员工进行培训与提升，就是最大的资产浪费，我对此深为赞同。

留下的就是最好的，可以说留下来的人，为你提供了最好的培训和提升的资产。他们就像一批堆在你面前的矿料，培训如同淘洗、筛选的过程。只要你做得精心、合理，最终你是可以从中获得高品位矿藏的。而那些经不住淘洗、筛选的，自然不再有留下的才情，你也不会给他留下的机会，所以最终留下的还是最好的。

这样看来，留下的就是最好的，是一种动态循环的人才观。这并不是说，留下来的就永远不能动，也不是说再也不从外部进新人，而是对所有有机会跨入公司的有缘人，均恭敬相迎，给予合作和培训提升的机会，最终大家共同提高。

共同提高的结果，当然是获得客户的认可，为大家带来福祉。不仅企业财路打开，大家也获得事业与利益的双重收获。

说起来，其实许多人离职都是一时冲动，并且这种冲动一经产生，如果不让他去行动，这人的心就像荡起来的秋千一样，不容易停止，特别是那些没有多少工作经历的年轻人。

可一旦他们真的出去了，对比之下，只要想到原来的企业值得留恋的地方，思想上就会有反复，就像秋千一样想要往回荡，这时要往回收他们很容易。

从公司出去的年轻人，有的回来跟我说，他们离开之后没有不后悔的。说他们全都后悔，固然有些夸张，但要说大都留恋我们这里，我相信。有不少人也提出过想回来，多数都因为没有了岗位而不能如愿。

这一回，针对技术总监的离职，我提出了一个解决方案：不办理离职手续，公司和他签一个半年的协议，在此期间给他发基本工资，让他去别的汽车店求职，学习人家的长处，将来带回经验来提升公司的管理水平。

这个方案的好处在于，既让他可以体验一下别家公司的文化，也为他回来留下余地，同时也解除了事业部总经理的尴尬，免得让人觉得，她一上任就走了一位技术负责人。

我给技术总监预备的方案，刚过了半个月就派上了用场。

他到了新东家以后，很快就显出了技术上的优势，将两台好长时间没修好的车修好了。那家公司就提拔他当车间主任。技术总监说，还是干脆回来吧，要是在人家那儿当了管理者，再走就不合适了。

回来几个月以后，他有次给我掏了真心话，那家老板准备重用自己了，这回再仔细比较下来，才发觉您这儿真是把员工当成自己人，而留在那儿却找不到这种感觉。

该留住的留住，该创业的创业

时间过得真快，再有几天，4个月的收官阶段就要结束了。

我盘点了一下，应对市场危机两年以来，通过“党支部建在连上”的应对策略，一批人被推上了企业股东的位置，成为了创业者。算了算，这个队伍竟还人数不少。

先是接收亏损店的小妹两口子。

接着是原销售总监去涿州建店，并受托经营公司原来的销售业务，此后又受托经营公司收购的倒闭店。在涿州建店时，我让副董事长和另一位入股，连同销售总监一起，一共产生了3位创业者。

此后是媒体来的副总经理出去独立创业，我答应等他的新创业项目成型，如果合适我们也投入一些资金入股。其实，在此两年前，我就已经垫资和他一起注册了公司，后来我退出股份把公司转给了他，所以他也可算是我支持过的一位创业者。

再就是我在收官阶段确定的，拿出资金让大外甥他们弟兄几个去创业。

2012年底前我回到北京，除了同涿州店总经理等碰一碰全年的经营成果和明年的经营思路，还有一件重要的事情，就是将我在危机开始时直接进行管理的老店维修服务业务管理权重新交出去。

在公司整体的几大业务板块中，这一块业务原来有两位股东，其中一位股东因病转让了所有股份，目前只留下我一位股东。我从没打算独自享受这块业务的经营成果，一直在考察谁有接手的能力。

经过收官阶段的独立运营管理，我看到硕士生姑娘是一心一意在对待托付给她的职责，虽说还有许多交待给她的工作没开展起来，工作经验也还欠缺，但瑕不掩玉。

而出去转一圈又回来的技术总监，这段时间也很认真地履行着自己的职责，尽管在思想意识上还有不少要提升的地方。

还有一位公司一开创就忠心耿耿跟随的孩子，另外还有一个，虽说有能力不高的缺点，但是能盯住自己职责范围内的工作，从不懈怠和偷奸耍滑。

我决定让硕士生姑娘牵头，与这几位孩子一起，来承担对老店维修服务事业部的日常运营管理职责，同时也从原股东转让出来的股份中拿出一部分，转让给他们受益。

如果按原来公司的资金和资源来折算股份，他们掏出几万元购买股份，在公司占比会很小，这达不到我原先设想的目标。

于是，我再次采取受托经营的模式来解决他们的困难，就是把公司原先注册的一家资金规模不大的投资管理公司拿出来，让他们几位用不多的资金购买这家公司的股份，占比就放大了许多，再由这家公司受托经营老店维修服务事业部，他们按股份分红就可以享受可观的收益。这样，既让他们成为公司股东，又将我较大的善意与他们很少的资金平衡了起来。把这个想法向他们几位讲明后，他们和家人都很欣喜。

这样安排下来，除了我之外，公司所有独立核算的业务板块全都有其他股东来参与经营管理。

2012年底，在公司各个业务板块上，我都建立了“党支部”——能够独立自主管理、严格要求和有坚定信心的股东会。至此，“党支部建在连上”得到全面实现。

到了2013年，除了我之外，有了更多人在公司现场操心，像我一样在关心公司每一个板块的运营。我只需要在年初就企业发展和他们达成一个共识，确定下来年度计划，剩下来全年的任务，可能就是当一个咨询与提示者的角色。

我的创业试验田，在市场危机中有了极大的收获。

这就是应对市场危机两年中我和我伙伴们的故事。总体来看，尽管事情做起来并不轻松，但大家都是心态轻松地过来了。

似乎，轻松的心态还是来自做人的坦然。

后 记

（一）

这部书稿比预计出版的时间晚了大半年。

2013年初，当出版单位首肯了初稿，并准备很快出版时，我建议等一等再说。因为新的危机又降临到我的企业，而且是接踵而来的危机。

一是北京市开始实施更严格的汽车排放新标准，这是两年多前就准备推出的，这回终于兑现了。我们所加盟的自主品牌企业，又一次被迫应对由此产生的技术与管理的挑战，大半年中我们只能在北京销售少量几款车型。

第二个危机出在“315消费者日”。这一天，中央电视台主持人借用晚会小品人物的台词“你摊上大事了”向公众宣布，我们加盟的自主品牌汽车有一款车在使用中出现车门底大边钢板锈蚀的质量问题。一时之间，该汽车品牌信誉遭受了近20年来最为猛烈的重创。

说起来，这次官方发布的所谓车门锈蚀问题，其实是两年多前的旧事，厂家也早已在技术上解决了。这次危机出现以后，他们也作出了让人敬佩的妥善应对。

而在这两场危机交替出现的过程中，我们企业还出现了高管辞职所引发的危机。

春节过后，在涿州公司股东会议上，我对涿州公司经营管理方面存在的一些问题提出了批评。可能是因为这次我一改近两年来支持和宽容的态度，使用了较为严厉的语气。虽然我怀揣善意，只是针对多次提醒没有得到改进的问题，但显然涿州公司总经理觉得心里承受不住，诚恳地提出了辞职。他说是怕以后时间长了，理念不一致，伤了我们师徒俩的感情。

和其他几位股东商量之后，我认为既然总经理提出辞职，相信也不是一时的冲动，而且理念的不同在工作中也表现得比较明显。为了避免将来搞成“一升米给人养出来恩人，一斗米给人却养成了仇人”的局面，大家在友好协商、相互尊重的气氛下分手，应该是无奈之下的良好选择。

于是，经过差不多三个月的协商、调整，到了2013年6月份，涿州公司的分家终成定案。我这边收回了原本委托给涿州公司经营管理的老店销售部，还有后来收购的那家汽车店，而涿州店则转给年轻的总经理接手。

（二）

在总经理辞职与分家的处理过程中，我一如两年前的风格。各位股东在此中投资的股分，都按账面分到了实实在在的利益。

但这一人事变动造成的影响的确很大。我们花了差不多十年工夫培养出来的总经理，这几年的销售管理全都交给了这位年轻人，他突然间一撤伙，对公司销售业务来说，就好比一辆快速奔驰的列车猛然间卸掉了火车头。

在过去两年多的时间里，我是按照自己准备从公司退休，让年轻的总经理接班来安排公司的下一步组织结构。因为有人邀请我再度进入传媒领域，我也已经答应人家。

还有一个问题，现在的销售队伍基本上都只适应年轻总经理的套路，对于这一点，年轻总经理当然也很清楚。所以，为了避免这些管理惯性给我们带来麻烦，他在离职会议上主动表态，不带走一个员工。私下里他也表示，愿意来指导新的管理者把握市场。

但真的分家之后，大家考虑问题和办事就会牵扯各自利益，沟通成本显然要比在一起时高多了。所以，我想尽量不要麻烦人家。有些原来管理工作上的疏漏，特别是人员管理留下的矛盾问题，随着领导者的更换，有的员工觉得不欠新领导的情分了，说话和办事不那么讲情面了。这些我也尽量不去麻烦原总经理，秉着善心善意尽量处理，即便得不到理解，背些骂名，也都豁达地承受下来。

（三）

通过总经理辞职和分家这件事，我发现过去两年执行的“党支部建在连上”的管理战略本身没有问题，问题只在于，我们有了这些“支部”作为战斗堡垒，却没有在堡垒群之上建立“党委”去统一管理他们，以至于所有事务都只是让“连支部”自己去决策，自己去落实，自己去负责。也就是说，上层缺少一个管理机构去对各个独立运营的“连支部”进行指导、监督，也没有完善的相互之间的协调机制，无法充分发挥集团的力量。

只有“点”的存在，没有“面”的联系，不仅无法聚合优势，还会产生越来越多的指责与怨言。大家虽然在同一旗帜下，处于同一个大家庭，却无法得到“一家人”真正的理解和支援。

问题的根子出在组织结构上。在过去两年多的时间里，我都没觉悟到这一点，只是一味地从各个“连支部”掌舵者为人处事上去进行引导。试图用个人的“德”，去弥补体制上的重大缺陷。这也是我在应对危机的后期阶段，多次对年轻总经理和我小妹反复谈“厚德载物”的一个原因，其实也是迫不得已之举。从某种意义上讲，由于这种制度与体制的缺陷，出现年轻总经理辞职和分家的事情，也是一个必然。

做人，永远要在各种现实选择面前，寻求最佳的解决途径，找到最可行的办法。智慧加上慈悲，“悲智双运”，做到最好，才是做企业的最高境界。

经过一番反思之后，我重新设计了新的集团式的管理体制，提出“独立运营，综合管理”的原则，依然让各个经营单位独立运营，同时在集团一级设立管理中心，集中管理各单位的财务、人力资源、品牌与资源、客户关系管理等。这样，既解决了过于分散和独立的问题，也让各运营单位从这些非业务性的综合事务中得到解放，更主要的是，把大家的力量凝聚到了一起。

当然，更换新的业务管理者，付出的代价的确很大。老员工与新领导、新的管理理念之间的磨合与碰撞之下，走了不少人，业务也因此受到深度冲击。好在我有了过去两年渡过危机的基本功力，平稳的心态在此时发挥了临阵不慌的作用。

到了2013年8月，我们获得了“北京汽车”的销售授权，这是一个新崛起的民族自主品牌，也是我进入汽车行业十年来第一次正式申请江淮汽车之外的汽车经销权。

此时，年初内部和外部几大危机对我们造成的冲击，已大都得到了有效化解。

此时，我才松开对出版这部书稿的刹车。

（四）

所以，首先要感谢我们这家小集团企业的全体同仁，没有他们对我的理解、支持，还有不离不弃的共同努力，我们克服不了过去两三年来，特别是2013年初以来所面对的内外部重大危机，也不会让我收获这么多应对危机的智慧。

当然，还得感谢这么多年来，曾经和我们做过同事的朋友们，那些一起走过的坎坷路，我一直铭记在心。特别是那些在公司担任过重要职务，在一些重要事情上做出过贡献的前同事们。

对于那些离开公司的同事，我由衷地为他们获得比我们公司更大的事业舞台、更好的前程而祝愿和喝彩，也为我们能够在他们人生成长道路上提供过一点点帮助而感到骄傲和自豪。

在离职的同事中，有些人还是带着不悦的心情离开的，我要为他们在我们公司所受到的小小磨练而抱歉。有些可能还是因为我的管理能力不足、善意不够、工作做得不到家而致。

在所有的同事中，最让我追念的是公司创办时的合伙人。出于悲伤，我在此不提她的名字，她的英年早逝，让所有的同事都备感忧伤。

（五）

本书得以出版，最要感谢的是位灵芝女士。她早在将我的上一部作品出版之后，就一直鼓励我再写出新的创业感悟。当听到北京汽车市场危机的消息时，她是最早打电话慰问的朋友之一，在听到我有写作应对危机的打算时，她立即非常兴奋地约了稿，这使得我有一种欠账待还的推动力在身。

王滟女士作为书稿的主要编辑者，对这部书稿花了许多的心血。我有一种感觉，她似乎已将此书当成是自己的作品来对待。

国防大学的金一南教授作为顶级的战略专家，十多年前我就有缘与他结识，那时我受江淮汽车公司之托邀请他前去作报告。江淮汽车集团上千位各级管理者听完他的报告，通过热烈长时间的鼓掌来表达各人内心的兴奋，那场面至今让我记忆犹新。这些年，我一直敬佩他那一如大哥式的平易近人，却从未想过我的书稿居然能入他的法眼，由他为我作序。

还要感谢我在新闻界的老领导焦惠民先生。作为大哥，他对我一直既呵护有加，又严格要求。本书初稿还像当年我在报社时一样，送去请他把关。他也提出了中肯的意见。

当然，作为本书的第一读者和第一批评者，我的妻子王青林也是最要感谢的人。为了让她的“有价值批评”发挥更大作用，今年我将她成功地从媒体“骗”出来，进入公司来就近对我“监督”。

还有，本书写到的几位当事人也对书稿提出了意见，在此一并予以感谢。

许琼林

2013年11月23日